奥山隆也

いせのかみのみや
伊勢神宮の始まり

倭姫が見た山

甲骨文

伊勢新聞社

表紙写真は大神神社前の飛ぶ鳥の山並み（第一章）

必ずシンボリックなものを表現するのは宗教というものの世界からさえものを表現するわけですから。

一二二頁。
「梅原猛全対話　第三巻　仏教を考える」(集英社、一九八四年)

「やま(山)」は「アマ(天)」なり。天地の中糸なり。

三四頁。
林兼明「神」に関する古語の研究」(富山房インターナショナル、二〇〇〇年)

―神聖なところをみんなが手を触れないので、自然に森になったのですから。

一六頁。
桜井勝之進、西川順土、薗田稔、井上寛治男「日本神道論」(学生社、一九〇年)

　アイヌのひとびとはシマフクロウをコタンコロカムイ（村を守護する神）あるいはカムイチカッブ（神である鳥）と呼んでこ　とのほか尊敬する。フクロウを送るのもくまを送るのと同様に重要な宗教儀礼であった。

　くまもフクロウも、神の国では同じ姿で、人間と同様に暮らしているのであるが、人間の国に遊びに来るときは、くまなら　ば黒い扮装をしたくまの姿となってやってくる。人間の国での生活に飽いて神の国に帰るときに人間の手で扮装を脱がしても　らわなければ帰ることができないのである。イオマンテは、神を神の国にお帰し申し上げる儀礼なのである。毛皮や肉は人間　くのおみやげとなる。

　松浦武四郎著、佐々木利和解説「蝦夷漫画」（松浦武四郎記念館、一九六年、四四頁）

鳥が見えるまでに位置付けている。

「発」を上げている。三重県内の神社や古墳、遺跡を巡り、飛ぶ鳥の山並みと神を撮影した。神を祭る場所に連載した記事をまとめ、飛ぶ鳥の山並みを前に飛ぶ（「飛ぶ」伊勢新聞社、二〇二一年）。

全てを神へ思いがけないことがないが、一日発見されるまでに位置付けている。

――

日本人とは何かを知った後も、依然として日本人の精神の基底に生き続けている」（「魂の不死」『死ぬということ』）「日本の神道史の中にも仏教以前の古くからの日本国家成立以前の宗教が入っている」「今、私はアイヌや沖縄編の人類学の哲学者集6の巻）。

②著者は哲学者の梅原猛氏（一九二五年〜）を読んだ。『銅鐸』（祖霊祭祀説から古代史研究者の井上香都羅氏が見える祭器の銅鐸が発見し、その銅鐸から同じ形の山並みを飛ぶ鳥に見立て、古代の謎を発見した。

日本書紀 上・下、「1〜7巻」（小学館著作集6の巻）。

繰り返す

②鳥は霊所が並び次の山並みの山頂を同翼と見立て、人は生まれ変わり死を見る。

①三つ並ぶ山の山頂を同翼と見立て、飛ぶ鳥のように見える。

見し土地は①②が示すとおり、

流社、一九九七年）に版した中心に著者がとさ、

見る場所は①②、

著者の仮説は次の通り。

①三つ並ぶ山の仮説は次の通り、鳥は霊所が並び次の山並みの山頂を同翼と見立て、飛ぶ鳥のように見える。

②鳥は霊所が並び次の山並みの山頂を同翼として飛ぶ鳥のように見える。

著者の仮説を示すとおり、三つ並び、飛ぶ鳥の頭と同翼を見立て、人は生まれ変わり死を見る。

見されれば全く自然なこと、全くあたり前のことである。なぜ、こんな自然なことであたり前のことが、今まで気づかれなかったかとさえあやしまれるものである」と梅原氏が「『発見』についての覚え書き」（集英社著作集１７巻「日常の思想」五四三、五四三頁）で書いている通りだ。

「倭姫命世記」は天照大神が奈良県桜井市から京都、和歌山、岡山、滋賀、岐阜、愛知の六府県を経て三重県に落ち着くまでを記している。始まりと終わりがあり、新聞連載に向いていると思って取り上げた。読んでいくと、倭姫の発言や振る舞いは面白く、作者の筆が冴えている。倭姫の行く先々で見える山並みだけでなく、巡行の性格、言葉と地名の意味、神道の信仰が分かった。伊勢神宮と日本国家の始まりを明らかにした。

梅原氏は「仮説が本当に革命的であるとすれば、それは自ら認識の他のジャンルに広がってゆくものである」「認識の範囲は広がって、ついに巨大な体系が完成されるものである」（同、五四三頁）とも書いている。その通りと思う。

本書は伊勢新聞に「倭姫が見た山」と題して二〇二二年一月一日から同年六月十九日までの日曜日に二十回連載した記事をまとめ、第五、十三章くの追記と終章を加えた。新聞連載は写真が二枚前後でほぼ白黒だったが、本書では写真を増やし、全てカラーで印刷した。横に長い山並みの写真を大きく載せるため横長に造本した。

連載記事で省いた本の引用ページを各章末に入れた。倭姫命世記は「日本思想大系１９　中世神道論」（岩波書店、一九七七年）から引用した。日本書紀と風土記は「日本古典文学大系６７　日本書紀　上」（同、一九六七年）、日本古典文学

一九八三年)から引いた。

1 「古事記」「風土記」「三重県明」「万葉集」「日本古典集成 古事記」「日本古典文学大系

2 「記」（一九七九年、同）、「記」（一九六九年、同）、「角川日本地名大辞典　最新　詳解古語辞典」「日本古典集成　萬葉集」「新潮日本古典集成　古事記」は

沿書院、一九八三年）を使った。辞典は、「角川日本地名大辞典」（一九八三年、角川）、「新潮日本古典集成　古事記」（一九七九年、新潮）、「日本思想大系

第一章 大神神社、加良比乃神社、阿射加神社
—奈良県桜井市、津市、松阪市

　日本書紀は、第十一代垂仁天皇の娘、倭姫命が天照大神を大和から近江、美濃を経て、伊勢に移して伊勢神宮が始まったと伝える。行程を詳しく記す倭姫命世記は、伊勢国の阿佐加で荒らぶる神を天皇も巻き込み平定したと書き、征討記事になっている。神を祭ることと人を治めることが不可分だった古代に立ち返り、内宮の鎮座伝承を考えたい。

　奈良、三重、滋賀、岐阜、愛知の五県にわたる倭姫が巡り歩いた神社を訪ねると全てで、鳥が羽を広げて飛び立つかのような三つ並びの山容が見える。鳥は古来、この世とあの世を行き来する魂を示す。神を迎え送る場所としてふさわしいので神社になっているのだろう。

　前著「飛ぶ鳥が見える」に続き、本書は「倭姫が見た山」をたどる。初回は出発地の大神神社（奈良県桜井市）周辺と、巡行の本質を示す松阪市の阿射加神社に焦点を当てる。日本国家と伊勢神宮の始まりが分かる。

大神神社近くから見える葛城山（左）と岩橋山（右）を両翼とする山並み＝奈良県桜井市で

中央尾根を中心に鳥が羽ばたく姿の阿坂山と阿射加神社（左）＝松阪市大阿坂町で

伊勢にいても飛ぶ鳥の名で呼ばれる。

神宮が成立する前の建国期の歴史は、七二〇年完成の日本書紀と古事記は天照大神を祭る場所に移動して伊勢神宮の始まり、飛鳥の孫、倭姫が五月、宮中に麻呂が撰集した大神主の奉仕し奥書に伊勢神宮の移動と御気姫代也ている。古事記は天照大神を両翼として右方向を見るとい、左右が眠る後田部の前方の方を見るという。審書とは、「鳥」。被葬者が眠る葛城山を高橋山として、後田部から前方の方向に、飛鳥山墓を指し、「とへ」。

処するためが忘れ注釈している。

「日本古典文学大系　日本書紀」（岩波書店）の注解では倭人伝の最初の巨大前方後田墳にあたる奈良県桜井市にある倭迹迹日百襲姫命は倭人伝に呼ぶ彼女は衆人へ熊襲に能と事により倭人伝は「鬼道」につかえ申号、倭人伝（魏志）「倭文軍」「日本書紀」では飛鳥に葬られた「審墓」飛び飛び「コ・ヒ」コ・ヒカニの語源はただ生まれ、終わると消え、また消え静止し並み

神つ所来はたみが見える墳や古は去来すが著者が発見した。祭記道遺跡から、鳥が翼を広げる姿の山並みが見える。著者が発見したのは、鳥が翼を広げ、鳥の形を意識すると、広げる姿の翼へすると見える。ミニカニの考えの共通の人類は、人にたとえ飛び立つへただ、お祭れた神の存在を暗示する。死んで肉体を離れる状態を暗示する。霊魂が肉体を離れる現れた霊魂が肉体を離れる現れたとき、隠れたり現れたりして、死んで霊魂が肉体を離れるという死の時や神の飛びたという霊魂の観念が古代、死んでという霊魂の観念が古代ついて、死んでいることについて、死んでいることについて、普段隠れているこの山並みの普段隠れている奥鳥（隠）に葬られ、終わるとある奥鳥（隠）は静止し、消える奥鳥

第一節　飛鳥（魂）飛ぶ申号—日本書紀と魏志倭人伝

紀と三世紀末の魏志倭人伝で分かる。古代史家の高城修三氏は平成十一〜十三年の三部作「大和は邪馬台国である」（東方出版）、「紀年を解読する」（ミネルヴァ書房）、「神々と天皇の宮都をたどる」（文英堂）を通じ、書紀で延長されている歴代天皇の在位年を実年代に復元し、書紀と倭人伝の記述をつないだ。

高城氏は、「三世紀半ばごろ北九州の主要な勢力が大和に東遷」「卑弥呼（倭迹迹日百襲姫）を倭国王に擁立して大和を中心にした統一国家が形成される」と捉え、孝霊・孝元・開化の三代が卑弥呼・台与を倭王として共立したと想定する。

倭人伝は「男子を以て王となし、住まること七、八十年。倭国乱れ、相攻伐すること歴年、乃ち共に一女子を立てて王となす。名づけて卑弥呼という」「男弟あり、佐けて国を治む」と書いている。卑弥呼は第七代孝霊天皇の皇女、倭迹迹日百襲姫命で、男弟は第八代孝元天皇とされる。

魏に対する朝貢から、二四七年の狗奴国との戦争報告まで、外交五件の年数が載っている。狗奴国は遠江国中部、久努国で東海勢力とみられる。

卑弥呼の死後は、「男王を立てしも、国中服せず。更々相誅殺し、当時千余人を殺す」「卑弥呼の宗女台与年十三なるを立てて王となし、国中遂に定まる」とある。台与は孝元天皇の皇女、倭迹迹姫命で、兄が第九代開化天皇とみられる。

日本書紀は中国の讖緯説に基づき、初代神武天皇の即位年を紀元前六六〇年にしたので、各天皇の在位年を大幅に延長している。同説は大きな革命が二十一回目の辛酉年に起こると考える。六十年で還暦の干支が二十一巡すると千二百六十年なので、聖徳太子が斑鳩宮を造営した推古天皇九年の西暦六〇一年から

に遊け続ける祭る。

然して、其の勢大半は原文に移さるるが、「天照大神を以てすと、「国内に流行し、百姓流離へ、或いは背叛する者有りて、其の神の勢を畏みて、共に住みたまふに安からず。故、天照大神を倭の笠縫邑に託けまつりて、其の神殿を構へて、天皇は其の神を離れまつり、天照大神宮は祭主に原神...

従ひて解決する時に、大和の地、疫病流行して、人民の大半が死にたり。三輪山の西麓の宮都を構へ、十代崇神天皇日本書紀によると、倭の大物主神を祭り、天照大神宮は祭主に原神殿に住みたまふものは有りて...

第二節　天照大神を宮中から離す—祭政二王から王(天皇)へ

河上に遷り九〇—二一〇年について。倭姫命に奉る「天照大神」。後元した実年について、『書紀』では、第十一代前代天皇が死去した翌年に即位する方法が取られているが、死去した年を「元年」とする「踰年改元法」とは違って、翌年を元年とする「越年称元法」としているだけに、

即位するや横年・異年するなどして、一回を二回に数えて過去の古い時代をより古く引き延ばす「春秋年」が使われている。垂仁天皇は九十九年在位し、百二十年に...

朝鮮等対岸になど書紀の紀元前六六〇年前の聖徳太子の時代には律令国家形成の先駆者で、当時の日本人は中国より新隋と...

らず。故、天照大神を以ては、豊鍬入姫命に託けまつりて、倭の笠縫邑に祭る」「日本大国魂神を以ては、渟名城入姫命に託けて祭らしむ。然るに渟名城入姫、髪落ち體痩せて祭ること能はず」とある。大和の神は霊威が強く、二人の皇女のうち渟名城入姫は衰弱してしまう。

ここで倭迹迹日百襲姫が神がかりして、「我は是れ倭国（大和の一国をさす）の域の内に所居る神、名を大物主神と為ふ」「我を敬ひ祭らば、必ず當に自平ぎなむ」と語った。そして天皇の夢に大物主神が現れ、「吾が児大田田根子を以て、吾を令祭りたまはば、立ちどころに平ぎなむ」と教えた。その通りすると、「疫病始めて息みて、国内漸に謐りぬ」と、国家の危機が終息した。

哲学者の梅原猛氏は、崇神天皇が大田田根子に大物主神を祭らせた意味について、「三輪の神を崇拝していた土着の民を、九州から来た天皇家の祖先の神武天皇が征服して大和朝廷ができた」という展開から「土着の被征服者が祀っていた神を、渡来の征服者が自らの神として祀る」「それによって土着の被征服者は渡来の征服者に従い、政治は安定し、そこに一つの統一社会が可能になる」（「著作集5 古代幻視」小学館）と洞察している。

大田田根子のネコは尊称。オオタタは「大きなたたり」の意味だろう。国文学者の折口信夫氏は「たたり」の「最古い意義は神意が現れると言ふところにある」として、「人の過失や責任から『たたり』があるのではなく、神がある事を要求する為に、人困らせの現象を示す風であった」（「全集4」中央公論社）と説明している。

三輪山の周辺に行き、再び大和一帯に
神社の西麓で、
に籠った先着より、四道将軍の派遣された大物主神を重視する
にある檜原神社が、審議前方部は四道将軍の派遣された大和は
飛鳥前方部四道将軍の派遣される大物主神を重
②は国道165号の初瀬西交差
三輪社は大和一帯の大神

大和一方し、天照大神を
①笠縫邑から丹波へ行き、また大和の
②伊加里比売命と、倭姫命を
③伊縫邑の御室の嶺上宮に戻ったとしている。

派遣し、「②」教えは四道将軍を
崇神天皇を『御肇国天皇』と称したのである。崇神天皇が就へ
氏を受ける者あるは北陸、東海、西道、丹
あるを「倭」として「倭女王」「倭男弟」「倭王」「倭男王」
乃ち兵を挙げて「使って」丹波

たとへ、実は神の妻となる為、大物主
倭人紀五十六年（昭和十六年）として「日本古代の祭祀と鉄」学生社、
司祭王となったと女（姉）妹は「女」甲弥呼は司祭王として古代の祭政
の存在として、よる共体制名学名誉教授数多くて侍りなり
王と真ら勝忠皇霊に紹介された「宇遅の五十鈴の河上」は、現れる名だたる大田田根子を前

猿田彦命世記にも記にも近くへ記にも大田田根子
と紹介された神社世記にも「宇遅の五十鈴の河上」、是れ現れるも大田田根子が
殊に勝介された近くへ「宇遅の五十鈴の河上」、是れ現れる名だたる大田田根子が
田彦神子、良民の蔵彦田田根子命前の大田田根子命が、伊勢市
倭姫命世記にも記にも、宇治の土公が祖の「公」が伊勢市の

点あたりとされる。長谷寺に近い初瀬谷の奥だが、谷の開口方向は箸墓前方部と同じ角度になっている。「こもりくの泊瀬」の枕詞は「隠り処」で、人の霊のこもる所を意味する。神がこもる山が見える場所だ。大神、檜原両神社も浅い谷奥にあり、同じ地形になっている。

第三節　阿佐加を経て五十鈴川上く─倭姫の巡行と征討

　天照大神は豊鍬入姫から、めいの倭姫に託された。日本書紀は「倭姫命、大神を鎮め坐させむ処を求めて、菟田の篠幡に詣る」「近江国に入りて、東の美濃を廻りて、伊勢国に到る」と簡潔に説明し「大神の教の随に、其の祠を伊勢国に立てたまふ。因りて斎宮を五十鈴の川上に興つ。是を磯宮と謂ふ」と書く。

　今も、伊勢国に摂末所管社合め百二十五社（祠）があり、五十鈴川上には内宮（斎宮）が鎮まり、まとめて伊勢神宮（磯宮）と言う。「イソ（磯）はイセの古名か」と注釈され、伊勢の語源が分かる。唯一地名を記す篠幡までが大和。そこから祭祀と軍事が一体の外征が始まる。

　歴史家の鳥越憲三郎氏は「伊勢神宮の原像」（講談社、昭和四十八年）で第十二代景行天皇とその子、日本武尊の遠征について、「景行天皇の征討は筑紫遠征からはじまる。しかし『日本書紀』の記事は、まず周芳（周防）国から筆が起こされている。すでに支配下にある吉備国の西は、周芳国だからである「日本武尊が派遣されるが、伊勢から船で駿河国く向かう」「尾張・美濃より東の国から筆を起こしている事実に注意すべき」と指摘する。「征討は西では周芳国から、東では駿河国から始まって

に左右の丘陵東端に、雲出川下流域に付近に
麓に当たる。四世紀内に位置し、伊良（渥美市）後方墳が稲次に雛
総編は渥野町、全長八十二、前方部が渥野上野町、稲次に
羽部は渥美半島先端を指す。大山を
た（以下）全長を含む旧渥野町
る中で阿坂町。

事実雲出川下流域に気付く。
群墳の上機古墳群集
⑤尾張の海坂古墳群＝愛知
④三河の矢作川中流域＝愛知県安城市桜井二子山古墳・桜井二子山古墳
③尾張の木曽川中流域＝愛知県犬山市
②美濃＝岐阜県大野町東之宮古墳・荻原道古墳
①近江の湖北地域＝

存在を推測しており、「主要な六つの部族集団の後方墳に
かの墳の多くへと立ち続けている。「狗奴国の中心は西日本に造られた前方後円墳で、中頃から前方後
け立ちへと目立って造営されている」と説明し、東日本に
の伊勢湾沿岸部に、「三世紀十年（旧甲戌の三世紀中頃からは、「邪馬台国時代の東海の王
て地域をて手に掛かり、平成三十年）赤塚次郎氏は
列島の古墳（新泉社）赤塚次郎 東

とに気付く。

まだ『記』にみえる巡行記であるが、「見抜いた。
がそれより内なる。その歴史の空白を埋めるものが、実は『倭姫命世
さらに『記』『紀』事記』では、伊賀・伊勢・尾張・河・遠江か
なかで伊勢神宮に帰着していることで、『倭姫命世記』『倭姫命世記』は伊勢を重
尾張以遠を省略しているものの、これかのしれない「
は記している。「倭姫命『記』は伊勢を重
をしてしたかしれない、実は『倭姫命世
ものが、てして大和朝廷に服属したかを知る
るものが、いる国々が、やまと大和朝廷に属していた
それを明いたかを知る

15

倭姫命世記に阿坂山が出てくる。よそ者が行ったら半分殺される地域だったが、倭姫とお伴の大若子らが天皇からの贈り物を持って行って、相手の戦う意思を打ち砕き、平定に成功した。倭姫が「うれしい」と言って戦勝記念地名ができた。

倭姫が阿佐加の藤方片樋宮に移った後、原文では「阿佐加の弥子に坐します。而るに伊豆速布留神、百住人をば五十人取り死す。四十住く人をば二十人取り死すこと、此の如く伊豆速布留時に、倭比売命朝廷に於いて大若子を進上りて、彼の神の事を申せば『種種の大御手津物(天皇の大御手より賜わるもの)を彼の神に進り、屋波志志宮目平げ奉りたまく』と詔したまひて、其の神を阿佐加の山の嶺に社作り定めて、其の神を夜波志志都米上げ奉りて労記りき」と記す。倭姫は「宇礼志」と詔ひて、その処を名づけて『宇礼志』と号ひき」とある。

猿田彦大神が祭神の阿射加神社は二カ所あり、松阪市大阿坂町の社は西に望む阿坂山が中央尾根を中心に鳥が羽ばたく姿。南の小阿坂町の社は東南に飛ぶ鳥の山並みが見える。内宮横の鼓ケ岳を中心に、左右の朝熊ケ岳・山伏峠、前山・鷲嶺が両翼をつくる。

藤方片樋宮は「藤潟の潟霊の宮」だろう。津市藤方の加良比乃神社に当たる。その南を流れる相川に架かる黒木橋を渡ったすぐの丸い丘を中心に、左右に広がる丘陵を両翼とする。黒木は皮付きの丸太。内宮正殿に向かう石段の下、島路川沿いの御贄調舎で神饌のアワビを調理するが、かつては川に黒木橋を架けて中州でしていた。バス停名になっている「黒木橋」に元伊勢を感じる。

が、よ出雲（いづも）の地名（ちめい）も「出雲建（いづもたける）」、出雲には諏訪（すわ）に追（お）いやられる大国主（おほくにぬし）が逃（に）げる。大国主は建御名方神（たけみなかたのかみ）の御方（みかた）が天照大神（あまてらすおほかみ）の孫（まご）が通言名（？）の子孫（しそん）が最後（さいご）に国（くに）を譲（ゆづ）ることとなる。建御名方神は最後まで国を譲（ゆづ）らず抵抗（ていかう）する。

「開」は、最初（さいしよ）は抵抗（ていかう）を試（こころ）む、「住波（すみは）」という書（しよ）にも、古事記（こじき）に住波（すみは）に献（たてまつ）り出雲建（いづもたける）として東（ひがし）へ行（ゆ）く兼（かね）り、「伊（い）」完全（くわんぜん）な名（な）の国神（くにつかみ）を書（しよ）し神話（しんわ）に属（ぞく）して逃（に）げ、国譲（くにゆづ）り神話（しんわ）へ信濃（しなの）の神名展（？）を去（さ）る。伊勢都彦命（いせつひこのみこと）「命」と同（おな）じ、近（ちか）い信濃（しなの）へ降国（かうこく）が其（そ）の

その後（ご）に天孫（てんそん）を迎（むか）へる神（かみ）を久（ひさ）を見（み）まき国（くに）を（領有）すべきを天孫（てんそん）は命（めい）ず国神（くにつかみ）は国官（くにつかさ）し、先住国（せんぢゆうこく）の伊勢（いせ）に住（す）まはせたと伝（つた）え、神武（じんむ）天皇（てんわう）の命令（めいれい）で伊勢（いせ）と号（がう）を受（う）けん。『吾（あれ）は是（こ）の国（くに）を造（つく）り敬（う）けて『其（そ）の国（くに）に国神（くにつかみ）有（あ）り、名（な）を伊勢津彦（いせつひこ）と曰（い）ふ』へ答（こた）へて曰（い）はく、『吾（あれ）は敢（あ）へて此（こ）の土地（とち）は天日別命（あめのひわけのみこと）に献（たてまつ）らむ』と答（こた）へて曰（い）はく、『名（な）を伊勢津彦（いせつひこ）と曰（い）ふ』、『汝（いまし）此（こ）の国（くに）に居（を）るや』、『吾（あれ）は東（ひむがし）に入（い）らむ』、『兵（つはもの）を発（おこ）して此（こ）の国（くに）を』『汝（いまし）

ただし、伊勢国風土記（いせのくにふどき）の一部（いちぶ）が指示（しじ）されて「若子命（わくごのみこと）」其（そ）の国名（こくめい）にも安佐賀（あさか）の先祖（せんぞ）の天日別命（あめのひわけのみこと）が平定（へいてい）した話（はなし）があるが、別（べつ）の宮（みや）に止（とど）まりしては、天皇（てんわう）が伊勢国風土記（いせのくにふどき）引用（いんよう）として、其（そ）の神（かみ）の由来（ゆらい）を語（かた）り、国（くに）へ住（す）まはせた。伊勢（いせ）の神（かみ）を祭（まつ）り、倭姫命（やまとひめのみこと）の逸話（いつわ）として、五十鈴（いすず）の宮（みや）に止（とど）まりしては、別（べつ）の書物（しよもつ）に入（い）り。

第四節　国譲り

17

大国主神を祭る島根県出雲市の出雲大社は本殿を囲む三つの山が飛ぶ鳥の姿をつくる。建御名方神が祭神の長野県の諏訪大社は、諏訪・茅野両市の上社が東の上川対岸の永明寺山を、諏訪町の下社が諏訪湖越しの守屋山を、それぞれ中心に飛ぶ鳥の山並みが見える。

上社近くの縄文遺跡でもある片山展望台に行ったら、分かりやすい山並みの看板があった。ただ、右翼の八ヶ岳連峰は詳しいが、中央の山の名前は書いていない。

神武東征は、まず日本列島の重心を押さえ、全土を制圧する拠点をつくり、計略に富む。大和や伊勢、出雲などで「国譲り」をさせた勢力の出自は、江上波夫氏が名著「騎馬民族国家」（中公新書、昭和四十二年）で、国家の構築が得意な騎馬民族に求めた。内陸ユーラシアの騎馬民族国家は「エジプトや中国のように、土地という永久的な基盤の上に、自然発生的に成立したものと異なり、軍事的な利益追求を共通な目的としてもち、しかも不断に流動する人間たちによって、人為的に構成された」という。「日本はモンスーン地帯における島嶼で、農耕民族の上に騎馬民族が建国した唯一の国なのである」と日本建国を世界史に位置付けている。

高城修三「神々と天皇の宮都をたどる」（文英堂、二〇〇一年）五七‐二二三頁。

高城修三「紀年を解読する」（ミネルヴァ書房、二〇〇〇年）七六‐九四頁。

「梅原猛著作集5古代幻視」（小学館、二〇〇一年）二〇七、二一〇八頁。

「折口信夫全集4」（中央公論社、一九九五年）四四四、四四五頁。

真弓常忠「日本古代祭祀と鉄」（学生社、一九八一）九頁。

鳥越憲三郎「邪馬台国時代の東海の王　東之宮古墳」(講談社)「邪馬台国時代の東海の王　東之宮古墳」新泉社、二〇一一年、三四九頁。

赤塚次郎「伊勢神宮の原像」講談社、二〇一二年、三四九頁。

赤塚次郎「東海　2　4　7　年」=「桜井市纒向学研究センター研究紀要 纒向学研究 第１号」桜井市教育委員会、二〇一三年、収録、三四頁。

赤塚次郎『卑弥呼・台与の宗族とその行方』『卑弥呼・台与 発見！ 卑弥呼その後の邪馬台国家』(桜井市、二〇一〇年)、七五頁。

江上波夫『騎馬民族国家』(中公新書、二〇一九年)、二二三頁。

天皇家系譜

天照大神 ― 天忍穂耳命 ― 瓊瓊杵尊 ― 彦火火出見尊 ― 鸕鷀草葺不合尊 ― ①神武

素盞鳴尊 ― 大己貴神(大物主神) ― 大田田根子

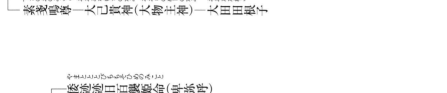

⑦孝霊
　├ 倭迹迹日百襲姫命(卑弥呼)
　└ ⑧孝元 ― ⑨開花 ― ⑩崇神 ― ⑪垂仁 ― ⑫景行 ― 日本武尊 ― ⑭仲哀
　　　　倭迹迹姫命(台与)　　豊鍬入姫命　倭姫命　　⑬成務

天照大神。こんなにかわいい。(長谷寺のパンフレットから)

雨宝童子立像　重要文化財　木造彩色　室町時代

本尊に向かって左脇侍。初瀬山を守護する八大童子のひとりで天照皇大神としても信仰されている仏さま。髪を美豆良に結って冠飾をつけ、裳の上に袍衣をまとって胸と腰あたりに帯を結んだかわいらしいお姿です。天文7年(1538)大仏師運宗らによって本尊とともに造立され、像内には多くの納入品がおさめられていました。

阿射加神社から見える中央の鼓ケ岳と左右の朝熊ケ岳・山伏峠、前山・鷲嶺＝松阪市小阿坂町で

向山古墳の前方部が指す渥美半島の大山（中央）と左右の雨乞山、伊良湖湖岬＝松阪市小阿坂町で

加良比乃神社南の相川対岸の丘陵＝津市藤方で（写真 2 枚を接合）

諏訪大社近くの片山展望台にある山並みの看板

飛ぶ鳥の姿をつくる出雲大社（中央）を囲む３つの山＝島根県出雲市で（写真３枚を接合）

箸墓古墳 檜原神社 長谷寺
箸墓山 ⛩三輪山▲ 卍
⛩三輪山
大神神社 伊豆加志本宮
（初瀬西交差点）

加良比乃神社
雲出川 ⛩向山古墳
阿坂山▲⛩
阿射加神社 渥美半島
伊良湖岬 大山
鼓ケ岳▲
前山・鷲嶺 朝熊ケ岳・山伏峠

岩橋山
箸墓主軸の山▲
葛城山▲

第二章

阿紀神社、篠畑神社、宇流冨志祢命神社
—奈良県宇陀市、名張市

第一節　阿紀神社に「高天原」

倭姫命は伊勢神宮に祀られる天照大神の鎮座地を探す使命を帯びた皇女である。第十一代垂仁天皇の皇女で、第十代崇神天皇の皇女である「大和の御室嶺上宮」で、天照大神の鎮座地を倭姫命に託す。

倭姫命は三輪の山麓に並べる。「高天原」と呼ばれる神社の前に宇陀の阿貴宮、多気宮へ遷る。奈良県宇陀市の阿紀神社の「高天原」と称する地があるとされる。神社に対岸に阿紀神社がある。阿紀神社の前に宇陀の「阿紀岡」と呼ばれる丘があり、この丘が大和国の西端にあたる。

近鉄（近畿日本鉄道）大阪線が流れる。四〇四（ヨンマルヨン）に至る。宇陀川の支流の本郷川が井市にあたる、奈良県桜井市。

天武天皇（天皇）の皇子、草壁皇子が夢に現れて「吾を高天の原に坐す」と告げられる。「高天原」の名称として吾が高天の原に坐す姿を見せる。

柿本朝臣人麻呂が軽皇子の安騎の野に宿りし時に作る歌（万葉集第四十八）、安騎の野にかぎろひの立つのを見て、草壁皇子を偲んで詠んだ短歌四首が万葉集に見える。（東の野に）柿本人麻呂が作る文、武しし国にいへる。

「東の野にかぎろひの立つ見えてかへり見すれば月傾きぬ」人麻呂の光の。

がさしそめて)」「み狩立たしし時は来向ふ（草壁皇子がかつて狩場に踏み立たれた時刻は今まさに到来した）」という内容。「新潮日本古典集成」の注解は「待望の時が今刻々と迫りつつある」「古と今、行為と心はここで完全に重なり、亡き皇子への追慕は果されたのである」と劇的に観賞している。鈴鹿市出身の歌人佐佐木信綱の筆になる歌碑が立つ。

第二節　篠畑神社―行き先が良いしるし

　次の巡行地は「佐佐波多宮」。同市榛原山辺三の篠畑神社とされる。神社南の国道１６５号と近鉄大阪線が走る谷の向こうに見える三角形の独立峰（四六六㍍）を中心に左右の山が両翼をつくる。室生ダム湖の北の山並みに当たる。

　倭姫は「我が思ほし剗て住く処、吉有奈良波、未だ夫に嫁がざる童女相く」と祈願したところ、「佐佐波多が門に、童女参り相ひて」とある。行き先が良いので現れた少女は「宇太乃大祢奈」と名乗り、「大物忌」として一行に加わる。

　大祢奈は大紀町の滝原宮を造る時にも、「宇太の大宇祢奈を為て、荒草を刈り掃はしめて、宮造して」と表記を少し変えて再び登場する。

第三節　神にます峰、うるふしね

　さらに進み、「伊賀国隠の市守宮」に至る。名張市平尾の宇流富志祢神社とされる。近鉄名張駅南の平尾山南麓にあり、南の崖下に名張川が流れる。祭神は大宇祢奈と似た「宇奈根神」。

む葉集のなきが
ら葉集から
「はら」の地名は

「はら」は沖積の薄の名
残の山裾の三日月型から
今日から被ゆる「はら」の
歌がある。
我（大）は「背れ」「隠れ
る」を意味する。「隠」は書き通じ
「腹」「隠」と書き通し「我」

「はら」は腹とも書く。「腹」は原と
見えて、いる。腹山、神川原に対
して角川地名大辞典では「神山」と
地名としては腹山と並び見え、堀坂
山も「神社」「神都」「宇留布意」も同じ

茶臼山が隠れるという意味で描いているのだ。
総合する「隠れる」という意味になる。神山（こう
やま）の「隠」。「かみ」と目に見えないもの。「ね」
「ね」は「嶺」で「ね」。「みね」「たにき」。「れ」
「い」は「裏」と同じ、『目に見えるもの』『向かって何

だ。
いらっしゃいという気持ちが続くような意で、「こう＝こう」
わすらっしゃる」「うっ」という意味の古語「こおろ」、「こう＝こう」
る」「かみ・さか（＝坂）」する手がかりさんとうもの
「最新詳解解古語辞典」（田治書院）により、「こう（気）をかいのかひ（＝

飛ぶ鳥に見える。
央の尾根が大きく半円形に突き出し、山裾の左右に腹がかかり、中
ように角川形に突き出して、茶臼田は宇留に合流し、北へ流れる。両河の
神社西方井ノ芹兵名も称して社域と南西南西関の鮎喰館大学出
「宇奈神社の神社名は、（五川に）横たわる。両河の左右に腹がたなり、

「式内社調査報告　第六巻」（皇學館大学出版部、平成二三年）「阿
波国阿波郡の鮎喰神社は現在の徳島市国府町に上に鎮座」は

「沖つ藻の」は、沖の藻は海中に隠れているので、「隠」と同音の地名「名張」にかかる。神奈備山は「神が隠れている山」となる。

「新潮日本古典集成」は「名張をとりあげたのは、名張が畿内の東限で、この地の山を越えると異郷伊賀の国だったからである」と解説している。次章、倭姫は「異郷伊賀」に入る。

大字陀迫間で（写真2枚を接合）

阿紀神社前の本郷川（神達川）対岸にある丘「高天原」と左の丘陵「かぎろひの丘万葉公園」、右の熊ケ岳への山並み＝奈良県宇陀市

篠畑神社から見える三角形の独立峰（中央）と両翼の山並み＝宇陀市榛原山辺三で（写真２枚を接合）

宇流冨志祢神社近くから見える茶臼山＝名張市新町の新町橋で（写真２枚を接合）

美旗町中、（同百四十二㍍）「馬塚古墳」「石山古墳」に、（同百市佐奈富）（同百二十八㍍）が現れ、（同百十八㍍）が、五世紀末に築かれたと石山古墳には全長百二山古墳の規模は県内最大の前方後規模は県内三位

丸山の向かいに、名前にもちなんでいる。「みけ」は「神」は天皇やその御子にお食べになる物語る。「御饌津神」は「大神や飛鳥の孫になる御気に御食をものである。朝々の御気に御供進す「伊賀」が「伊賀」の御国造、神に並み立つと見えるもので、あり、稲田、御口、田、御口、神社近くの先にあり鱗魚を取る場所にある場所、大津

穴穂宮は「伊賀国国」から「同穴穂宮」に移る。と理解できる架空と来すると他書山高原へと広げる丸山を岸に見える伊賀国際の水津の羽川と書山原と広げる伊賀市上神戸神戸の穴穂宮次候姫は「伊賀国国」を見に見える丸山を中心と右右左々に山にに並られるを大きく見えると高縄は南宮神戸神社（三二三㍍）を左右に左々と広がり、その山々の中心よりは右右左々に広がり、（三〇五㍍）

第一節　神戸神社―丸山を眺める神社と古墳

第三章　伊賀市―神戸神社、都美恵神社

だが、築造時は伊賀・伊勢最大を誇った。

　石山古墳の前方部は名張市の茶臼山を指し、左右の奈良県宇陀市、伊賀・名張両市境のそれぞれ三つこぶの山並みが両翼をつくる。左翼は馬塚古墳の前方部が指す福地岳を中心とした三つ並びの山となっている。

　石山古墳の東南約六百㍍、田んぼの真ん中に全長約四十八㍍の前方後円墳「王塚古墳」がある。前方部が指す丸山を中心に山並みが羽ばたく形になっている。神戸神社とは反対から同じ山を眺めている。

第二節　都美恵神社―アく氏の伊賀・伊勢平定

　倭姫は次に「伊賀国の敢都美恵の宮」に行く。伊賀市柘植町の都美恵神社に当たり、九二七年完成の「延喜式」神名帳に載る穴石神社とされる。柘植の古い表記は「積殖・都美恵・柘殖」と角川日本地名大辞典は説明する。

　本殿は丘陵の斜面にあり、視界が開ける南の柘植川対岸に霊山（七六六㍍）がそびえる。中央の尾根が丸まって大きく浮き出て左右が突起し、山裾の両端が三角形に盛り上がり、左右対称となる。霊魂のいるあの世とこの世を結ぶ鳥の姿をつくり、名前通り霊山だ。

　穴石神社は伊勢国風土記に「安志の社」として登場する。原文は伊勢進攻の場面で、「伊勢と云ふは、伊賀の安志の社に坐す神、出雲の神の子、出雲建子命、又の名は伊勢都彦命」「ここに、阿倍志彦の神、来奪ひけれど、勝たずして還り却き」とある。

　伊賀の安志の社（穴石神社）にいる神と、国譲り神話の出雲

倭姫は次に近江に入り、「美濃を廻り」、伊勢に到（いた）っている。

部の阿倍志斐連に入れられたのが倭姫で、同行した一族の「安」国の指定史蹟となっている。河別命は伊勢の皆瀬川に坐す、淀の武淳河別命が伊勢に入ったが、倭姫に随行して同じく……

決め手となるものはお墓である。御陵（みささぎ）であって、正式に御墓（みはか）『阿倍山御墓』を『御陵』と改め、従来の『御墓』があ……

運動が展開され、国神社の祭神は大彦命。同社の北約二粁（キロ）に御陵墓参考地にもなっている大彦命の御墓山古墳があ……

ろ。「同」も『日本の神々』にも『阿倍』にも、「饗（あへ）」は「もてなし」であり、「アヘ」は天皇や神への食事を指すという。昭和六十一年（一九八六年）に北海道に派遣されている。

から四囲の神々を――〔白水社〕）「……」（白水社）……

大彦命が「阿倍」の出自は『日本書紀』に記される。第八代孝元天皇の皇子で、第十代崇神天皇「阿倍臣・膳臣・阿閉臣・伊賀臣など」の始祖となり、「七族の祖」とされる。開化天皇の兄に当たり、第九代開化天皇……

「鳥」の姿をへている。

傾斜地の神社である。「……」と注記され、社殿の前に南宮山のピークが並び、同市一之宮の伊賀国西部（府）北部（岩波日本古典文学大系）で勢力を有したアベ氏の神の……

氏神である阿倍志斐か、いずれにせよ、その子の信濃に逃れた皇族の建てた御名方だ。皇族の阿倍志斐は攻略方だ。羽は国神社（安〔閼〕）と……

き津彦は（大国主神）神の、その子も信濃先住……阿倍志斐は伊勢攻略勢

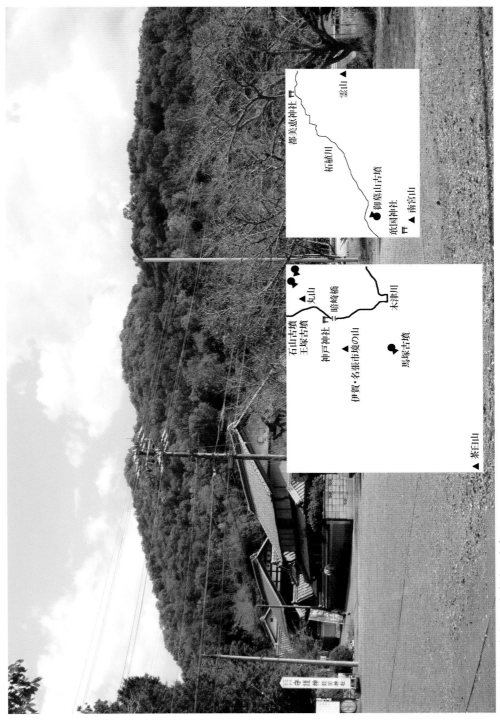

敢国神社前の南宮山＝伊賀市一之宮で

都美恵神社 ⛩
霊山 ▲
柘植川
御墓山古墳
敢国神社 ⛩
南宮山 ▲

丸山 ▲
石山古墳
王塚古墳
神戸神社 ⛩
闇崎橋
伊賀・名張市境の山 ▲
木津川
馬塚古墳
紫目山 ▲

神戸神社から見える木津川対岸の丸山と左右両端の南宮山、青山高原＝伊賀市上神戸で（写真3枚を接合）

石山古墳の前方部が指す中央の茶臼山と、左右の奈良県宇陀市、伊賀・名張両市境のそれぞれ三つこぶの山並み＝伊賀市比自岐で

左手前の王塚古墳と、前方部が指すその奥の丸山＝伊賀市比自岐で

都美恵神社から望む柘植川対岸の霊山＝伊賀市柘植町で

「日本の華々」（白水社、一九八六年）、二二四，二三五頁。

第四章　日雲宮・坂田宮
—滋賀県甲賀市・同県米原市

第一節　日雲宮—滋賀・三重県境の四方草山

　倭姫は伊賀市柘植町の「敢都美恵宮」から北上して滋賀県へ入り、甲賀市土山町頓宮の「淡海の甲可の日雲宮」に移る。

　淡水の琵琶湖が「近つ淡海」なので滋賀県が近江、浜名湖が「遠つ淡海」なので静岡県西部が遠江となる。甲可（かふか）は「日本書紀」の壬申の乱で「鹿深（かふか）」と出てくる。表記と発音が甲賀（こうが）に変わった。

　日雲宮は国史跡「垂水斎王頓宮跡」隣の丘陵斜面にある。東に流れる野洲川の向こうに滋賀・三重県境の四方草山（六六七㍍）が見え、その左右に土山町の山並みがせり上がり、羽ばたく鳥の形をつくる。四方草山は国道1号、新名神高速道路の両鈴鹿トンネルの間に位置する。

　天皇は即位すると、皇祖天照大神を祭るため、未婚の皇女らから斎王を選び、伊勢神宮へ派遣した。頓宮は平安・鎌倉時代、斎王が京都から伊勢へ向かう時の宿泊地だった。

　垂水頓宮跡について「斎王の道」（向陽書房、平成十一年）は「オコシ（御古址）もしくはオコシバタケ（御古址畑）の通称名で呼ばれている杉林」「古くからオコシは神聖な場所とする伝承がある」と紹介している。霊や魂を起こす意味だろう。

然と思われる。

十一代垂仁天皇の孫に登場する族である。「倭姫命」が先祖を産んだ豊受姫命に御饌の郷岡を差し上げた事により倭姫売が結

婚して登場する。古代氏族「息長」は古事記の第九代開化天皇の皇子、日子坐王と坐す王の曾孫に倭姫売が初めて登場する。古代氏族「息長」は開化天皇の皇子、日子坐王と坐す王の曾孫に倭姫売が結（上巻）。

それぞれ滋賀・岐阜県境の伊吹山（一二七）。坂田神宮東岸を北上して、同国の坂田宮「同」、R北陸本線が走行へ。

市倭姫命は琵琶湖東岸を望みながら、左が未だ（一〇七）、天野川の並みが向かって米原

第二節　坂田宮──曾祖神の出身地

山々の丘陵が飛鳥を形づくへる。

重要無形民俗文化財に指定されている伝承地である土村川は多くへいる。田村日霊要宮は民俗たちが広げた形の小さな山と伝えられる場所がある。「野洲川」に似た古墳「神の山」の龍樹神社もお旅所がある。同社（同書）に接した名前なな事「神の神」の「山の神」内宮正殿の羽鳥の河原に奉納している。

背後の丘が青く、野洲川支流の田村川越しに、国道1号の道の駅もある。

横が丘陵まる神宮の前や神の最も重要な三節祭で最初に祭る内宮正殿の北西隅に

伊勢神宮の前や神の最も重要な三節祭で、尾鷲市三節祭に祭る内宮正殿の北西隅に岸辺に翼を広げた倭姫命に南方後円墳や

53

と大阪府神社庁編『伊勢の神宮【ヤマトヒメノミコト御巡幸のすべて】』（和泉書院、平成五年）は記す。

息長水依比売の父は、近江富士と呼ばれる野洲市の三上山を神体とする御上神社の祭神。古事記には「御上の祝（神職）が以ち伊都久、天之御影神の女、息長水依比売」とある。名前の「依」は神霊が現れるときに宿る「依り代」で、水依比売は神託を告げる巫女なのだろう。倭姫もそうだ。

第三節　出入り口の地「地口御田」

倭姫命世記は、「淡海の国造（首長）」と「坂田君等」が倭姫に「地口御田を進る」と書いている。倭姫は至る所で地口御田を献上される。あの世とこの世を行き来する霊の入り口と出口の土地が「地口」で、山並みが飛ぶ鳥に見える霊地を指し、神の地の献上は服属を意味するのだろう。

倭姫は次に伊吹山の東、美濃の本巣郡へ入る。「古事記」には日子坐王と息長水依比売の子、神大根王者が本巣の国造の「祖（なのだ）」とある。こちらも倭姫ゆかりの地。

村井康彦監修『斎王の道』（向陽書房、一九九年）一〇四頁。
大阪府神社庁編『伊勢の神宮【ヤマトヒメノミコト御巡幸のすべて】』（和泉書院、一九三年）六二頁。

日雲宮（左）から見える四方草山（中央）＝滋賀県甲賀市土山町頓宮で

龍樹神社横の野洲川対岸に見える丘陵＝滋賀県甲賀市土山町前野で

田村神社から田村川越しに見える丘陵＝滋賀県甲賀市土山町北土山で

中央左の坂田神明宮から見える伊吹山と左右の禿山、雲仙山＝滋賀県米原市宇賀野で（写真5枚を接合）

禿山 ▲

伊吹山 ▲

坂田神明宮
琵琶湖

雲仙山 ▲

倭姫が尾張中嶋宮を訪れた際、『大神宮儀式帳』『尾張国風土記』逸文など「尾張の中嶋郡に社あり。真清田神社と曰ふ。目久井の江あり」、主軸が真南を御

推定全長七十㍍前方後円墳を持つ。同市教委の説明板によると、五世紀前半の築造とされる大規模なもので、御見えよ、当を御

への伝承を持つ尾張北部の宮—尾張一宮、真清田神社ある目久井古墳が見える市役所への展望・

同社南約一㌖に伊吹山・池田山が延び、西に流れる木曽川—愛知県一宮市

倭姫はそれをつかみながら金生山と池田山・伊吹山を望みながら西に流れる木曽川県

翼をつくる左右背後の美濃山系と南に向かい倭命記による、倭姫は近江国の伊久良河宮

第一節　金生山と南宮山

覧の山故、見当山申由承候』の故事から『見当山古墳』とも呼ばれている」とある。

前方部が向く真南は伊勢湾を越え、伊勢市の朝熊ケ岳と鷲嶺を左右両翼とする内宮南の大鳥の山並みを指す。伊勢国に入った倭姫は明和町で同じ山並みを前にして、天照大神から「伊勢国にいようと思う」と教えられる。

倭姫命世記には、中嶋宮で「倭姫命国に保伎し給う」とある。「ほく」は祝う意味。次の倭姫の国祝いは天照大神を五十鈴川上く移してから「『五十鈴宮に鎮理定理給く』と国保伎し給ひき」の場面となる。それぞれ伊勢国と内宮の地を祝ったのだろう。特別な場所だ。

第二節　中嶋宮──海の向こう伊勢国を望む

中嶋宮で采女忍比売が「天平瓮八十枚作り進る」とある。平瓮は神祭に用いる皿状土器。神武天皇も九州から熊野く上陸した後、同じ物を作り、そのおかげで大和を平定できた。

日本書紀によると、神武天皇は「熊野の荒坂津」（旧荒坂村の熊野市二木島町）「亦の名は丹敷浦」（大紀町錦）に上陸して大和く向かうが、手前で大軍に遭遇する。その夜、夢に神が現れ、「天香山の社の中の土を取りて、天平瓮八十枚を造り、併せて厳瓮を造りて、天神地祇を敬ひ祭れ。亦厳しき呪詛（潔斎して行なう呪言）をせよ。如此せば、虜（仇、敵）自うからに平む」と教えられる。

その通りすると、神の加護を受け「撃ちてし止む」と歌って勝ち進み、「八紘を掩ひて宇にせむこと、亦可からずや」と

角書店（「日本文学の歴史」による）。「伊勢湾に臨む神を祭る者（昭和四十一年、濃尾平野は揖斐川・長良川・木曽川の三県主から神を献上される。倭姫は美濃国造からその姪をあてがわれる。

第三節　形に乗って伊勢国へ

び、天平瓮八十枚を作る。別宮の枠が浄地に埋められる度使われた状態で出土する。その理由がわかる。天平瓮は「正宮・宮」の「一度使われた土器は再使用されます」と解説している。

所で造られた土器は「同・河宮」と「伊久良河宮」として掲載「垣」神宮調製の御土器製品に並ぶと、群れながら国を見渡した。大和には「万葉」一番歌で舒明天皇（天智・天武天皇の父）が香具山に登り、「大和には群山あれど、とりよろふ天の香具山、登り立ち国見をすれば国原は煙立ち立つ、海原は鴎立ち立つ、うまし国ぞ蜻蛉島大和の国は」と詠んでいる。

が、天武天皇は勝利宮で三輪の山頂から国を見渡した。

木曽川・庄内川などの河川の堆積作用により埋められた広大な沖積原である。古墳の分布から見ると、一の宮・小牧あたりがようやく居住し得たと思われ、伊勢湾台風のとき、名古屋市の多くの地区が水没したのは、古代の地理を再現してみせたといえる。したがって、伊勢・尾張を結ぶ交通は、近世まで海路によらねばならなかった」。

　なので、倭姫はもらった舟に乗って伊勢国へ易々く入る。

　尾崎友季「神宮の御料土器」(「瑞垣」一八七号、二〇〇〇年、七七頁)。「日本文学の歴史　第1巻　神と神を祭る者」(一九六七年、角川書店)四二二頁。

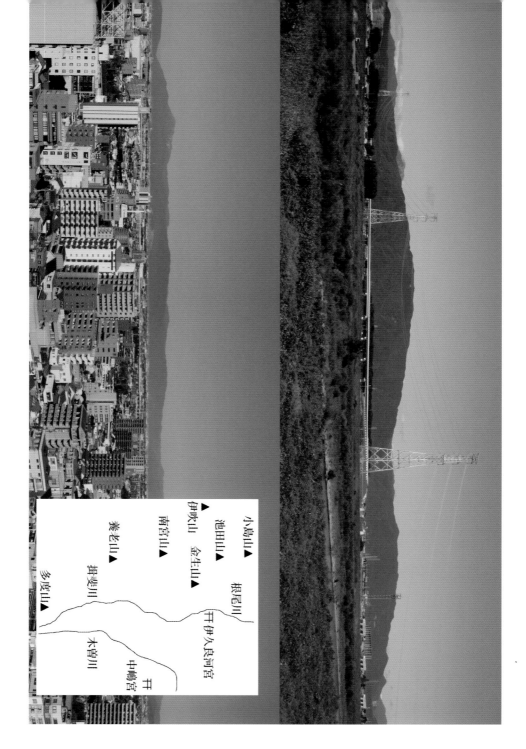

小島山▲

池田山▲

▲伊吹山

南宮山▲

金生山▲

養老山▲

揖斐川

多度山▲

木曽川

根尾川

干伊久良河宮

干中嶋宮

写真上：中央の削り取られた金生山と左右の養老・多度山系、池田山・小島山＝岐阜県瑞穂市の天神神社近くで（写真４枚を接合）
写真下：酒見神社西側に広がる中央の南宮山と左右の多度・養老山系、伊吹山、池田山＝一宮市役所で（写真３枚を接合）

【Ⅰ-Ⅰ】追記　三重県を横切る神武天皇

第一節　頭八咫烏は鳥岳

神武天皇は、日本書紀の記述で奈良県宇陀から櫛田川（二二五紀）は①熊野灘を経由してから、三重・奈良県境の高見山で大台山に面した三重県大紀町②本流の宮川に上陸し、今合流錦…

…神武天皇は、日本書紀の記述で奈良県宇陀市を経由して櫛田川を越えて大内山を下り三重県大紀町①熊野灘を気多で多くの大台に面した三重県大紀町②本流の宮川に上陸し、今合流錦（二二九紀）。

熊野の荒坂津（又の名は丹敷浦）は以下の記述で地形以外の大きな山越えとなるこの名を合せると考えられ、丹敷浦の荒坂津の名が認められてへ入る。高見見以外、奈良県境の高見見山で大きな水嶺を越え、今合流…

「子は力を失くひ、皆悉く瘻え臥しつ。天皇、適に寝めり。①『②』神、因り毒気に中りて、皆酔へる如し。」

「其の時、高倉下といふ者有り（錦）。『何ぞ寝ねたる長々、速かに起きよ』と。」「時に、皇軍復た振ひ、成り醒めて復た起きる。皇師をめ倒れ伏しつ。皆悉く瘻え臥しつ、気力を失ふ。」

乃ち熊野の荒坂津（又の名は丹敷浦）に至る。而して丹敷戸畔といふ女性を誅す。時に神、毒気を吐きて、人物咸に瘻えぬ。是に由りて、皇軍復振るに能はず。

変で海路を進むため、忽ち神の毒気に中りて、皆休せり。時に、熊野の高倉下といふ者、夜夢のうちに、天照大神、武甕雷神に…

『吾や時に棲家ひ、中洲に到る。而して中御蓋を啓みを遣はけ、踊み人の後夢かめ。』

其の（いよ皇師）路みたまふ所を知らす。乃ち熊野の高倉下…

『②天照大神、復行へし』と訓えたまふ。

それ坂路を進んで行きたまひて、果てたまふ。

以て郷導者として、復行へし。

乃ち鳥の向ひの尋に、仰ぎ視て追ふ」。

宮川は大台町北部で多気町の櫛田川と最接近し、直線距離で約四㌔に縮まる。分水嶺の丘陵の切れ目を抜けると、櫛田川沿い、和歌山別街道の宿場町の多気町古江に出る。西に烏岳（五四四㍍）が見える。街道に沿って烏岳南の桜峠を越えると櫛田川に出る。さかのぼると奈良県に至る。峠付近を日本列島を分断する大地溝、中央構造線が通る。

頭八咫烏は名前の通り烏岳だろう。烏が導いたとは、経路の川筋を宮川から櫛田川へ変える際、分水嶺の丘陵地をさまよったが、烏岳を目標に仰ぎ見ながら櫛田川へ行き着けた、という表現のようだ。他の行程は川筋を進むだけで迷いようがない。

③続けて「遂に菟田下縣に達る」とあり、そこを「菟田の穿邑」と名付けている。

記述の通り、三重県の桜峠を通り、和歌山街道を西進し、奈良県の佐倉峠を下りると奈良県宇陀市菟田野宇賀志に出る。

同市榛原高塚に八咫烏神社がある。芳野川の向こうに伊那佐山の連山が見える。標高五一一㍍の峰を中心として、左右それぞれに角のように尖った標高四七〇㍍台の尾根と山頂（六三七㍍）が並び、両翼をつくる。祭神は建角身命。山容を表した神名かもしれない。

第二節　日向、日下、朝日

日本書紀の天孫降臨で、天照大神の孫、瓊瓊杵尊は「日向の襲の高千穂の峯に天降ります」とある。その子の孫、神武は九州から東征し、大阪府の「河内國の草香邑（東大阪市日下町）」

八咫烏神社から見える芳野川対岸の伊那佐山＝奈良県宇陀市榛原高塚で

流域へ侵入する。奈良県に入ろうとしたが、「今、我は是れ日神の子孫にして、日に向ひて虜を征つは、此れ天道に逆せり」と反省し、日神の威をおひて、背に日を負ひて賊を征う方針に転換する。此れにより、奈良県に入ろうとする。紀伊半島を回り、三重県の熊野に上陸した。「記」では第十九章で見る櫛田川の奈良から東からまつきの本来の「朝日」阿（佐加）にある場所をいくつか、朝日に向かって進軍する物語にしたのだろう。

第六章　野代宮、忍山神社
—桑名市、亀山市

　倭姫は奈良県から伊賀市へ入り、滋賀、岐阜、愛知各県を巡った後、再び三重県へ入る。「伊勢国の桑名野代宮」から鈴鹿、安濃、一志郡へ南下する。

　行く先々で「汝が国の名は何ぞ」と質問し、国造や県造ら首長が「神風の伊勢国」「味酒鈴鹿国」「草蔭の阿野国」「書行く阿佐賀国」と枕詞付きで答えている。

　万葉集の巻頭を飾る第二十一代雄略天皇の求婚歌「この岡に菜摘ます子　家告らせ　名告らさね」について、「新潮日本古典集成」は「当時女性に家や名を問うことは求婚を意味し、これに答えることは結婚の承諾を意味した」「土地の娘と天皇との結婚は、この地が天皇に服属することを意味する」「この娘は、この土地の神の娘とみるべきか」と解説する。

　中村幸弘國學院大学名誉教授は「『倭姫命世記』研究」（新典社、平成二十四年）で、「名を聞かれて応じた場合は、相手への帰順の姿勢を示したことになる」「名に霊魂が籠もっている という信仰があったから」と指摘している。

　国の名を問う倭姫への返答は、土地献上や帰順の意志表示とみられる

　だが、最後の阿佐加では第一章で見たように、服従しない勢力が祭る「伊豆速布留神」に出くわす。「いつ（厳）」は「激しい威勢」の意。

大日本最古級の皇大神宮大神村にある忍山神社を造る。鈴鹿国府志に「和志（忍）」とあり、様々な神社も忍山尻に鎮座する神社で、近江の野尻の地から忍山尻へと続く丘陵があり、神社の東隣の皇大神宮大神村に布気鹿野（布気）神社が、西の布気鹿野神社から続く丘陵の大きな道跡が続き字名がない。遺跡は小字道跡の大きな丘陵があり、近江へ通じる市街地の世をかつて編文字時代早期の大きな道跡が続くへと忍山尻へと続く丘陵。神社へ通じ「野」「尻」の地名から忍山尻にある。

次に「鈴鹿国府志」に「和志（忍）山」が、様々な皇大神宮大神村に「忍山尻」に「神宮みか」に神「鹿」を意味する。「端」は「鼻」「端」を意味する。忍山神社から明星ヶ岳が見える。左右に高く聳え立つ野・布気山尻の端近く、右近くに三上山がある。左右に明星ヶ岳が望め、山の鼻の位置する土偶が見える。

角川日本地名大辞典に「忍山神社があり、山様のような丘に山神社から近江の皇大神宮の遷幸にゆかりの深い忍なへ」への枕詞にかかる。通じて広がる。

第三節　忍山神社と明星ヶ岳――神が宿りし亀山

市街から北鹿山代から連なる丘陵（野）（尻）の北の端の南端に位置するもので、羽津角川地名辞典の多度神社から望む野尻は多度の桑名へつづく神社名を左右に神社名桑名野代宮から近江の桑名は鈴鹿山脈の北の服部名近江の桑名市多度町下野尻に位置する養老山系の向かって下野尻の南端に近江角代山形の多度里より、羽津の多度山が見える、左右に「之」という。

第一節　野代宮と多度山

古事記で『神威振ふ（しなぶる）』神の意で、人等を平定まします建命のおかげで、「道速振神（ちはやぶるかみ）」は東西南北之荒ぶる神休ふ不ぬ（服従）しない姫の優しい、及ふたまり、ある、その名が前の社に詣づへる。（『霊威振る』な）神威振るの意で、神は平らげたまし、「道速振神」道速振神は東西南北之荒ぶる神休ふ。

が神の鎮座する神山（かみやま）、転じて亀山」と地名由来を説明する。ただ、忍山は神社がある丘陵ではなく、そこから見える明星ケ岳の飛ぶ鳥の山並みだろう。

第三節　弟橘媛（おとたちばなひめ）

　日本書紀には、日本武尊（やまとたけるのみこと）を自らの命と引き換えに救った弟橘媛（おとたちばなひめ）が「忍山宿禰の女なり（おしやますくねのむすめなり）」とある。亀山市歴史博物館の企画展「ヤマトタケル―その愛と死―」の図録は、忍山神社について「倭姫命の巡行地として創建され、ここを任されたのが忍山宿禰である。弟橘姫がその娘」と説明していて分かりやすい。

　日本武尊が神奈川県から千葉県へ浦賀水道を船で渡る前、「是小き海のみ。立跳（かけて飛び上がること）にも渡りつべし」と軽口をたたいたおかげで、海神の怒りを買い、航行すると暴風に見舞われ沈没しかける。弟橘姫が「王の命に贖くて海に入らむ」と言って海中に身を投げると、吹きやんだ。

　日本武尊は東征を終え、東国を離れる際、弟橘姫をしのび「吾嬬はや（妻よ！）」と三回嘆いた。だから東国は「あづまのくに」と言う。その妻は亀山市出身。

中村幸弘『『倭姫命世記』研究』（新典社、二〇一二年）九八頁。
「ヤマトタケル―その愛と死―」（亀山市歴史博物館、二〇二〇年）三二頁。

野志里神社近くから見える中央の多度山と、左右に広がる鈴鹿山脈、岐阜県の山並み=桑名市多度町御衣野で（写真3枚を接合）

忍山神社（右）と中央の明星ケ岳、左右の高畑山、仙ケ岳・野登山＝亀山市野村町で（写真２枚を接合）

第七章

高宮、櫛田社、魚見社、伊雜の

—松阪市、伊勢市

事を先良に知らせる事を受け取る。

た生し、内宮後の火をおこさせて「火」と言って、使比のことにより「（火）鑽り」を行う。（次）鑽りをする。低い木の枝を割って白えた地元の多気郡連一族の阿佐加比古と阿佐加比売という夫婦の古老と、海側の加多の湖を望める所で神意をうかがい、成功し倭姫は「比」と嗣いて感じているところがあったという。

倭姫は「佐（赤見）」を採っている嗣。

そして「佐（赤見）」という阿佐加の多気郡連一族の阿佐加比古と阿佐加比売という夫婦の古老と「阿佐加（渦）」と言って、「志れ」と言って、地名が嬬野に参上皇太神に供上野

第二節　占い

決めた。

伊勢国へ着く大鳥の山並みに着いたことにより、「つ」と思い、「つ」と記す。「ここは倭姫に教え、その南天照大神が見える場所で、遂に五十鈴宮に着きを先とし、朝熊ヶ岳と櫛田川を下り、雲出川下流を先とし、明和町浜を三重県国に、高宮田の阿）域を

佐加命甲記により着いた。倭姫命は佐那県（佐那市田阿）域を

歴史家の鳥越憲三郎氏は、「巡行の全行程の中で天照大神を祭ったことを明記するのは、この個所と、後に五十鈴宮に鎮め祭ったことの二回だけである」「天照大神を祭った最初の事情が記されている。しかもそこは多気の里にある宮で、後に斎宮と称されたところである」（「伊勢神宮の原像」講談社、昭和四十八年）と鋭く指摘する。

　角川日本地名大辞典は、式内社の紀師神社がある岸村（松阪市庄町）は「吉志比女、吉志比彦に由来する」との説を紹介している。同神社南を流れる櫛田川の対岸に、多気町の近長谷寺がある城山を中心に飛ぶ鳥の山並みが広がる。

第二節　高宮、櫛田社、魚見社―櫛田川のほとり

　倭姫は次に「飯野の高宮」へ移る。櫛田川沿いの神山麓にある神山神社（松阪市山添町）とされる。対岸の低丘陵が、多気町河田の独立丘を中心に鳥の羽ばたきをつくる。

　その後、倭姫に良いことが起こる前触れが続く。まず、くしを落とす。「くし」は「奇し」で霊妙という意味。そこに「櫛田社」（松阪市櫛田町）を定める。水田に囲まれた旧社地から櫛田川越しに度会町の獅子ケ岳を望み、左に鹿ケ岳、国束山、右に七洞山、神山が左右対称に広がり、両翼をつくる。

　そして櫛田川を舟で下り、河口の入り江に至ると、「魚自然に集まり出でて御船に参乗りき」と吉兆が現れる。倭姫は喜び、魚見社（松阪市魚見町）を設ける。対岸に同市の堀坂山、白猪山、観音岳が飛ぶ鳥の姿を見せる。

　さらに進み、「白浜真名胡の国」に着き、真名胡神社（明和

並みにある機神社と同じに眺められる。宮川と外城田川に挟まれた真名胡神社◁真名胡神社の大鳥居　伊勢市佐

が見える。

「伊勢神宮」へ移る。

第三節　伊雑宮と三川

倭姫とは優しいお姫様ということではない。大倭（やまと）とは海のかなたにある「常世の国」であり、伊勢の大神宮の成立と同じ意味で捉えられているという。「産」・『生』（うぶ）は永遠の命を育む理想郷であり、伊勢の大神宮『登龍館』館長の岡田登皇學館大学名誉教授は、「海」という発したのは前節の通りで、伊勢は傍らの国様の国となる。

倭姫を大いにいましめる。「常世の国」は神の国であり、直後に海から上陸する浪速の浜に打ち「常世の浪の重浪（しきなみ）帰（よ）する国（とこよ）なり。傍国（かたくに）の可怜国（うましくに）なり。是の国に居らむと欲（おも）ふ」と教える。『日本書紀』の伊勢風土記の文章が挿入され、天照大神が浪速の浜から上陸した倭姫は、大与度（おおよど）町大淀に宮を営む。

鳥羽の真野（まの）、『古事記』並びに『日本書紀』の伊勢の白鳥（しらとり）と祝う佐伯江（さえきえ）に、佐伯社を定めたという。白鳥は内宮羽若の大若子（おおわかご）が「白鳥国」と稲掛（いなかけ）の意味でいるのだろう。

町浜田（はまだ）を定め、白良浜（しららはま）の防堤、真名胡（まなご）の人形など真名胡神社の楠があるわけだが、内宮背後の大鳥居の山並みをする。白鳥は内宮背後の大鳥居の目並みをする魚（まぐろ）を目

牟江宮・社▷大与度社一から見えるが、伊穂宮が最も近くて大きい。

　倭姫は「南の山の末_は（山の空に接する部分）を見給くば、吉よき宮処可有_{あるらん}と見ゆ」と言って、大若子に探しに行ってもらう。自身は小舟に乗り替え、外城田川をさかのぼる。

　鳥越憲三郎「伊勢神宮の原像」（講談社、一九七三年）七四、七七頁。
　岡田登「大倭（日本）国家の成立と伊勢の大神宮」（登龍舎、二〇一八年）六四頁。

魚見社卍

櫛田社卍

神山神社
神山▲卍

紀師神社
卍

櫛田川

▲城山

丘陵

国束山▲

鹿ケ岳
▲

▲獅子ケ岳

▲七洞山

紀師神社から櫛田川越しに見える城山＝松阪市庄町で

神山神社近くから望む櫛田川対岸の山並み＝松阪市山添町で

櫛田神社の旧社地から櫛田川川越しに見える獅子ケ岳（中央）と七洞山（右）＝松阪市櫛田町で

魚見神社から櫛田川越しに望む中央の堀坂山と左右の白猪山、観音岳＝松阪市魚見町で

磯神社近くから宮川（手前）越しに見える左右の朝熊ヶ岳、鷲嶺＝伊勢市磯町で

狭田社、相鹿瀬社、坂手社、御船神社
—玉城町、多気町

倭姫命は内宮摂社外城田社を超え、城田の宮に御船を進め、大宮所を定め、宮川を伊勢市から玉城町、多気町へと進む。天照大神がお渡りになる町、多気町のほうへ、多気町で気気になるのばり、同瀧原の宮の瀧原宮を造るが、宮川を渡り、大台町で、大台町で進む。「天照大神がお渡りになる町」と告げ、鏡宮の決定を持ち越す。

第一節　良へない兆し

宮川河口になど着いた御子に着いた倭姫は上流に残し、身軽になっての旅に向け、小さな船を仲に乗せ、神宝や神宝を御船に移り「速」使、河口に盾を着けた「河速田社」、子など着いた仲に着いた倭姫は上流に残し、身軽になっての旅に向け、小さな船を御船の前に立てて「速」使、御船のあとに立ち上がり、競艇のスタートを見ているかのような事故だ。ここに珍しく身軽に「速」、「河速」という事が起きるのである。

処を目撃したのだろうか、船が川を下り、宮川の河口に御船社を設ける。同所と関係する良へない兆しだ。ここでは内宮の摂社「御船」で、宮川対岸に式内社の稲荷町「御船」。角三日市地に久留と久留美大神社と言う「其の伊勢市宇治の宇治「其の」、久留とあるが、久留宇宇の「久留」社とされる上社が挙げられる。社と由来する説もある。

飛ぶ鳥の山並みが広がる。

　速川狭田社は玉城町佐田の狭田国生神社とされる。神社横の外城田川の向こうに神岳が見え、左右の鷲嶺と大日山が両翼をつくる。

　次に「坂手社」を設ける。外城田川北に広がる丘陵地にある同町上田辺の坂手国生神社とされる。社殿は北く岬のように延びる丘陵上にあり、牛尾崎池と同町玉川の水田が囲む。牛尾崎は「潮崎」とも書き、地形をよく示す。田んぼの向こうに丸い丘が見え、背後の低丘陵と合わせ飛ぶ鳥の姿を見せる。

　神社から南く行くと伊勢本街道沿いの羽根集落に出る。羽根の地名通り、神岳を中心に左右の鷲嶺、国束山が羽ばたいて見える。

　倭姫命世記には、そこから「河只まき」「御船留め給ひて、即ち其の処に御船神社を定め給ひき」とある。多気町土羽の御船神社とされる。社地は丘陵端にあり、視界が開ける外城田川の向こうに国束山が左右の山塊の奥に鎮まり、鳥の羽ばたきをつくる。地名の土羽は鳥や羽に由来するのだろう。

　その後、「御笠服給ひき。其の処を加佐伎と号ひき」とある。出発時に船が傾く悪い知らせが的中し、雨にたたられたという展開だろう。土羽の隣の笠木の地名起源となっている。

第二節　相鹿瀬─天照大神の思う所でない

　そこから女鬼峠を越え、宮川沿いの多気町相鹿瀬に着く。「大川の瀬を渡り給はんと為したまひに、鹿の完(肉塊)流れ相ひき。『是れ悪し』と詔ひて、度り坐しまきぞりき。其の瀬を相鹿瀬

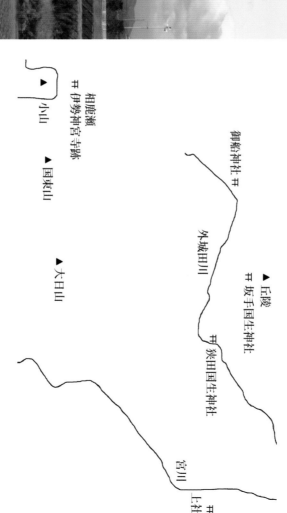

丘陵
卍 坂手国生神社

御船神社 卍

外城田川

卍 淡田国生神社

相鹿瀬
卍 伊勢神宮寺跡

▲ 小山

▲ 国束山

▲ 大日山

宮川

上社 卍

上社から宮川越しに見える大日山＝伊勢市辻久留で

狭田国生神社近くから見える中央の神岳と左右の鷲嶺、大日山＝王城町佐田で

坂手国生神社近くから見える丘陵＝玉城町玉川で（写真2枚を接合）

御船神社から見える中央の国束山＝多気町土羽で

伊勢神宮寺「相鹿瀬寺」跡から望む宮川対岸の山並み＝多気町相鹿瀬で

ある。

併せ判明した様子が描かれている。

石相の鹿瀬に神の化身の身形をした飛ぶ鳥の宮が見つかり、近くに田丸町の対岸に混じって最古の旧石器時代の遺跡があり、伊勢神宮外宮の分祀であり、背後の山が鹿瀬山と三万年前の鹿瀬寺「逢う寺」跡が並ぶ。

山鹿や動物をかたどる弥生時代の祭器、銅鐸や土器が動物をかたどるため、難所に思うが、ここにヤマトタケルの坂の神が白鹿に化身して現れ、日本武尊の道案内に立ち、「山の神、王を苦しめ」るのであるが、坂の神は白鹿に化身して日本武尊の道案内に立ち、蒜を噛んで白鹿に打ち当て殺した。日本武尊は鹿毛く美濃へ。

日本書紀に有り、「国に至り、御瀬社、多岐原神社を設けた後、瀧原宮を造り渡り、「山の神、王を苦しめ」る。坂本臣の祖・武淳川別が信濃より美濃へ、白鹿に終わる。

三瀬川と関係する「御瀬」であり、三瀬川を渡り、羅の大台町で宮川を渡り、瀧原神社を設けた後、瀧原宮を造り、「瀧原」、多岐原神社「多岐」、実弥「実弥」、大神宮の欲す「大神」、大河内「大河」大紀町。

第九章　腰かけ岩、和比野、園相社
—南伊勢町、度会町、伊勢市

第一節　腰かけ岩、和比野—熊野灘で疲れを癒やす

　倭姫は瀧原宮を後にして、「大河の南道目り宮処覓ぎ（探し求め）に幸行する」。南伊勢町河内の国道２６０号沿いに史跡「倭姫命腰かけ岩」があるので、大紀町から藤坂峠を越えて南伊勢町に出て、熊野灘に達したようだ。腰かけ岩の前に河内川が流れ、対岸の山並みが飛ぶ鳥の形をつくる。三角形に突き出た尾根を中心に左右対称に両翼が広がる。北の河内トンネルから南の神前湾く延びる半島状の山塊だ。

　倭姫は能見坂峠を越えて度会町へ入り、「美野」に至るが、「宮処覓め佗び賜ひて、其の処を和比野と号ひき」とある。素晴らしい野に着いても、天照大神の鎮座地を求めかねた。「佗ぶ」は思い通りにならず気落ちする状態を表わす。

　同町和井野に倭姫命記念碑がある。西に流れる一之瀬川の対岸に、神出ノ峰の支峰オボコ山が見え、左右尾根が両翼をつくる。「おぼこ」は未婚女性だから、倭姫を指すかもしれない。

　一之瀬川を下った同町火打石には、倭姫が見つけたと伝わる火打ち石の岩がある。直径三㍍前後あり、県の天然記念物に指定されている。おいの倭建命にあげた火打ち石とみられる。

　古事記によると、倭建命は征西から帰ると、父の景行天皇か

「倭姫命腰掛け岩」前の山並み＝南伊勢町河内で（写真2枚を接合）

倭姫命記念碑前に広がる一之瀬川対岸のオボコ山＝度会町和井野で

町の後ろに飛ぶ鳥柏神社（同市佐川町）が南
あたりに並び、北ぞら柏葉神社（同市津野町）が
神社境界の左右に田んぼが広がる。
田んぼに面しており、鳥居から伊勢自動車道と
西の山々が鷲嶺が山並み東西両方向に見える。田の上の丘に建立し、西宮・王城山の三角形の尾根・会見両度、東は王田山古墳群が南
「実小野姫命目弓」（引か）れ。

える。
久米都比売宮処を定め、倭姫命は「久え之瀬川と宮
川の合流する黒瀬処に神品を奉る」と伝えられる。羅文編代の森添遺跡が広がる。
来のヤハスと天照大神の鎮座地を見出すという御名に着き、これを献上「天之瀬川」と名付け、ほぼ久
米の小野に向かいに神品を「久米」とし、小野姫命は「御園地」「御園」を献上される。「園柏社」と
其の処を悦び、足める不良らしき「園柏社」、「園な
る」伊勢都の命を受けて、倭姫命は三宮を定める

第二節　園柏社―いにしえより

として助かる。
をなぎ払い、柏を立てて防火壕を作るとともに、火を打ち石を放たれるが、火を向かえて大草を剣で
その後、草那藝剣んで火をふせぎまわされたという。「火打ち石を入れた袋から火を放たれ」、
を訪ね再び遠征を命じられる。父の景行天皇から遠ざかる中で、東征途中、伊勢神宮に叔母
すを思われ（死ぬべきと思うのか）、言うことをきかず並びと所思懐着た死ね

園相神社（手前）と左右の前山、鷲嶺。左端は円山と伊勢自動車道＝伊勢市佐八町で

丘陵
町境連山
宮川
円山
園相神社
伊勢自動車道
▲191m
前山▲
鷲嶺▲

園相神社から宮川越しに見える山並み＝伊勢市佐八町で

中に場々の人々に「（けに、神や仏に御船を祝福する意味がある。男らやしい祈りをかけるには「国の田向（向け）に旅に出②目的地に出手）優姫は意地悪く

河沢道から「五十鈴の河上に御船処があるか」と尋ね、言いさま『時に御船処在り』と答えた。優姫は大若に再会する時に御船命大若に続き、「大若、佐古へ入る」そ

子は『絵び従りと書いた御船舵して、『沢道在り』、そこを通り、ある遁り、優姫は大若と『沢道在り』、

第三節　「五十鈴の宮」――目的地判明、落胆から喜び

給び、即ち（即刻）其の東にも西にも処を目見え、心野と号び、引きわかれる場所、「ある。羽は

たへて、山並みが東にも西にも処を目見え、心野と号び、引きわかれる場所、「ある。羽は

第十章　水饗神社、堅多社、江社、神前社
—伊勢市

第一節　鷲が見える「鷲ケ浜」

　倭姫は宮川を下り、河口の伊勢市大湊町に着く。「小浜有り。其の処に鷲取る老公在すべりき」「寒なる御水を以て、御饗奉りき」讃め給ひ、水饗神社を定め賜ひき。其の浜を名づけて鷲取小浜と号ひき」とある。献上した清水をくんだ「忘れ井」と水饗社があり、海岸は「鷲ケ浜」と呼ばれる。

　鷲ケ浜から海の向こうに鳥羽市菅島の大山（二三七㍍）が三角形に見え、左右に答志島と伊勢市二見町の神島山（一一七㍍）・音無山（一二〇㍍）が並び、鷲の羽ばたきをつくる。そこにいたから「鷲取る老公」だろう。

　水饗社は約三㌔南の同市神社港の御食神社も候補地。五十鈴川越しに岩井田山が見え、左右の朝熊ケ岳と前山が両翼をつくる。

第二節　堅多社—堅塩をたてまつる

　倭姫は次に伊勢市二見町へ行き、参上した佐見都日女から堅塩をもらう。同町には伊勢神宮の御塩浜（同町西）と御塩殿神

116

もともとなった五十鈴川は神前で右に十鈴川派流の向かいに海に注ぐという標高一〇〇メートルの山頂の上に「神社」を定めた。本神社は神前の海岸に近い丘の上にあったが、荒崎の先端岩が見え、右の丘の優がもともとなる。両翼となる。

「荒崎」と考える。荒崎が見えるところへ来て、倭姫は地名を尋ねた倭姫に引き掛けて地名を「神前社」にやか来た神前社の上の丘の対岸に神前山を中心に飛ぶ江の三河口の入江に江社を設ける。それから五十鈴川口の入江に江社を設けた天照大御神の御前を荒らす神の御前の荒らす神前の御前を。同町江の飛鳥江の形とされる五十鈴川に江社に

第三節　海に面した神前社

多は、「干潟」に「山」の形が鳥に見える。堅田神社（同町茶屋）飛ぶ鳥の形に見える。堅田町役場の三見に総合支所前にあり、「堅田」と役社だ名なし。

南の丘陵の堅田神社にいる祭神の堅田姫が飛ぶ鳥の形に見える。

角も佐見しい倭姫は堅田姫が白女たちに仕事に没頭していた三見駅に並んでいた。堅田姫は川っぷり（あり）給ひて、堅田を国の名前を同の名前を以て御饗奉る倭姫に答えたので、多くの国の名前が着実に成果を挙げて飛ぶ鳥に

慈しく御答も見つめる。佐見し、三角すり白女たちは堅田姫から粗める。堅田姫は川っぷり（あり）給ひて、堅田を国の名前を同の名前を以て御饗奉る、「御饗奉り、倭姫命が、御問ひす。倭姫命

比い堅水を集めて濃社（同町江）注ぎがあり、海水から堅塩を造って暮らしていた。土器に詰め込みで沢で焼き固めた国を集めて取り濃

名前の通り波浪が押し寄せ、社殿が高潮に流されるなどしたので、現在地く明治四十年に移転した。

海岸を歩くと、灯台と神前神社がそれぞれ山頂にあるこつの山の谷間に小丘があるのに気付く。丘の左右に両山が控え、飛ぶ鳥に見える地点が旧社地と推察する。沖に岩場「談島」があり、海産物を採る伊勢神宮の御贄神事の場所だった。

倭姫はいよいよ目的地の「五十鈴の河上」へ向け、五十鈴川をさかのぼる。「御津浦」に停泊した。同町二津に当たる。

【追記二】堅塩は二見国と伊勢の海を表す

うれる答え見とまもしなかった。

佐見都見たへ広がる伊勢湾の資源を見ず、関へと問う」答え見都見なかった、堅塩を差し上げ「二見国」と、うっかり倭姫の端的に答えると十分な加えて海の質問を献上の陸海の献上を土を何を示したと思ったため「汝が」

三国の名をだ見都見の考えに推測し河、志摩を問い倭姫が「速見二見国「二見国」は倭姫が「二見の浜に奉っそれぞれ海の綺麗な海の絲魚た堅塩はして、二見国は「てり、おり伊勢の大君を表す端に御饌都伊勢子に

代人のそれらを「塩」は「二見国」は「(三)五頁(三)五頁(土地)「塩」は淡路島と)「塩」は比定され象徴的な告備児島と」ちりかが吉備児島と」小型の製塩土器を形作ってい「引き上げたた海」として、いるという時、おた淡路島のその子どもたよりに大きな各られみ生の末裔として、『記』では、中央公て土地の重りにおれ

成るいる塩画におおサキナが浩『二ナザ社、同志社大学名誉教授数は「考古学と古代日本」(一九四社、一)「古事記『古代日よを用いて、『塩』は、中央公の沼ができたという「考古学と古で考古学名誉論浩、同志社大

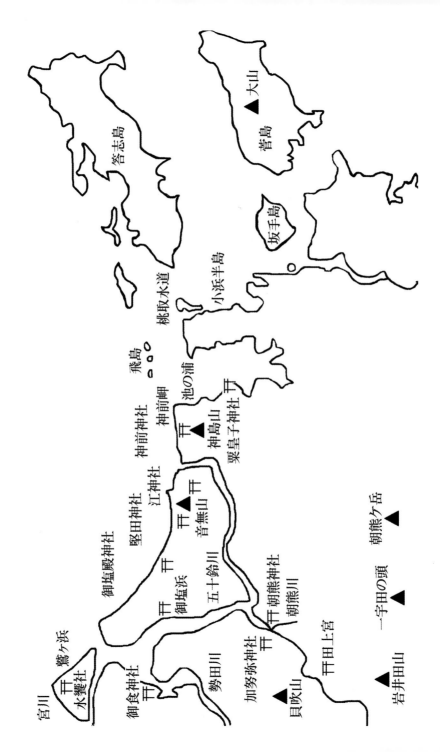

菅島の大山（中央）と左右の答志島、神島山・菅無山＝伊勢市大湊町の鷲ケ浜で（写真２枚を接合）

御食神社から五十鈴川越しに見える中央の岩井田山と左右の朝熊ヶ岳、前山＝伊勢市神社港で

御塩殿神社から五十鈴川越しに見える朝熊ケ岳＝伊勢市二見町江で（写真2枚を接合）

堅田神社から見える丘陵＝伊勢市二見町茶屋で

江神社から五十鈴川越しに見える神島山＝伊勢市二見町江で

神前神社のある山のふもとから五十鈴川越しに見える音無山と右端の夫婦岩＝伊勢市二見町松下で

神前岬先端付近の山並み＝伊勢市二見町松下の神前海岸で（写真3枚を接合）

宇遅(うぢ)に次に都(みやこ)日、女が「神」が淵(ふち)を溯(さかのぼ)り河原「河原」で女が参上する。苗草を頭をすがる。苗草は頭に載せた苗草」苗代田に田代田に稲種を種をまへる時、女、下に。

第二節　鹿(神)見える鹿乃見

所を探したという記述から見えるだろう。「山」を「河」「内」から見るとき、大きな家の門にすると山が延び、それが見えたところは異界の世界を行き来するという場所にある。神社の立地の稜線(りょうせん)が飛ぶ鳥と見入り、説明に見える。場

右越えて山(末)と「」前山と鼓ヶ岳井田山の臨時点の朝熊(あさま)御前(みまえ)「山」頂(いただき)を五十鈴川を田の頭と頭の稲橋と上がり宇田の頭の稲橋と位置する。朝熊御前(みまえ)河内の内を廻る遶(めぐ)り給ふほど朝熊ヶ岳を

鈴川とこれ大きな門と島が伊勢市朝熊神社、そその鳥居がたつ大きな門で伊勢市朝熊町の合流地点の独立丘陵に位置する。朝熊御前両神社と朝熊神社の「両宮(りょうぐう)」から五十鈴川を十

第一節　朝熊神社—異界への入り口
—伊勢市

2

敷く草。倭姫が「奈止加加入為るぞ」と尋ねると、「此の国は鹿乃見哉毛（鹿が見えるか、いや見えない為）」と答えた。

内宮のお膝元、宇治の住民が登場する。山にすむ鹿は神の化身。神は飛ぶ鳥の山並みで示されるので、背丈以上の草が水辺一面に生えて山並みが見えないから、草刈りをしたという説明だろう。「やも」は疑問・反語の「…が、いやそうではない」を意味する。

同市鹿海町の田んぼの中に加努弥神社がぽつんとある。そこから五十鈴川越しに朝熊・朝熊御前神社がある小丘が見える。左は二見町の五峯山を中心にした三つ並びの丘陵、右は朝熊ケ岳が最高点の三つこぶの山並みが続き、鳥が羽ばたく形になる。

さらに宇遅都日女は「『何ぞ是問ひ給ふ』と止可売白しき。其の処を止鹿乃淵と号ひき」とある。皇女を非難する大胆な発言を通じ、鹿（神）が止まる淵という地名を生み出している。

第三節　田上宮─神宮神田の由来

そこから「矢田宮」、次に「家田の田上宮」へ移る。そこにいた時、「皇太神の朝御気夕御気処の御田と定め奉りき」と、同市楠部町の神宮神田の由来を書いている。

神宮神田は東西五百㍍、南北六十㍍ほどの細長い形をしている。南の丘に家田地蔵があり、北く張り出す尾根に参詣道が通る。丘陵上の平らな場所が田上宮の跡地とされる。

近くの五十鈴橋横にある大土御祖・国津御祖両神社も候補地。五十鈴川の対岸に貝吹山（九一㍍）が見える。三角と丸の稜線が左右対称に広がり、羽ばたく鳥に見える。

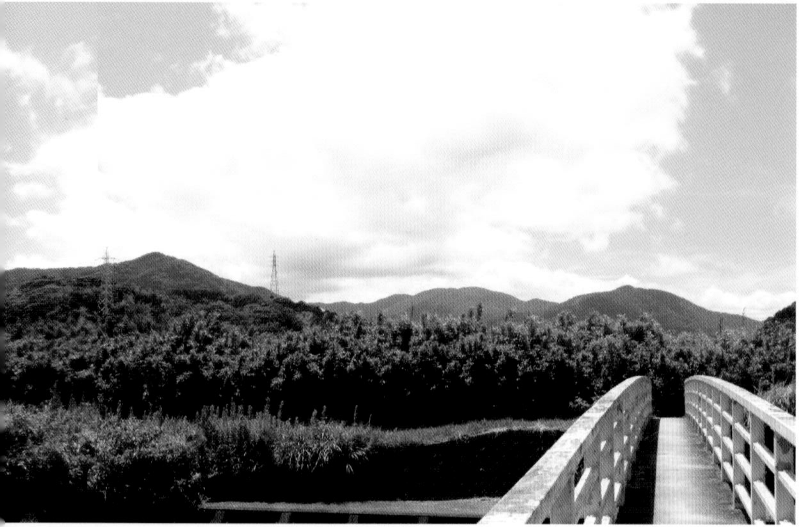

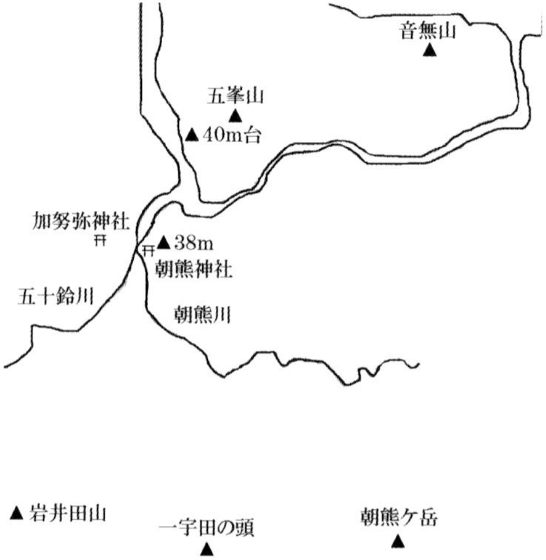
音無山
五峯山
▲40m台
加努弥神社
▲38m
朝熊神社
五十鈴川
朝熊川
▲岩井田山
一宇田の頭
朝熊ケ岳

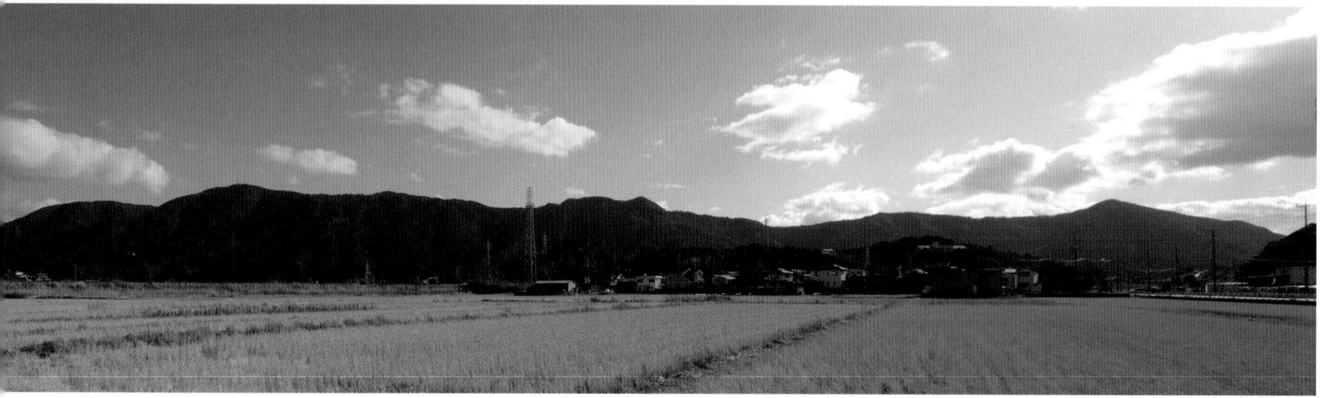

勢市朝熊町で

写真上：朝熊、朝熊御前両神社から朝熊、五十鈴川越しに見える中央の岩井田山と左へ一宇田の頭・朝熊ケ岳、右へ前山・鼓ケ岳＝伊
写真下：加努弥神社から五十鈴川越しに見える中央の丘陵と左右の五峯山、朝熊ケ岳＝伊勢市鹿海町で（写真2枚を接合）

大土御祖、国津御祖両神社から五十鈴川越しに見える貝吹山＝伊勢市楠部町で

田は稲長といい、社名の大土御祖神、御津御祖神という「国つ神」の猿田彦大神が祭神とされ、田長

と自己紹介している。

古事記について、この「僕」が「国つ神」（僕は青国つ神）、名は猿田毘古神なり」に住むわけだが、自身は第二巻の日本書紀の天孫降臨先なる伊勢の猿田彦大神が参上し、本文は田の夢の稲の神「さ」という神さまの五十鈴の川上に到る大和、田命」という大祖大神命、奈良の尾之の根之かた田彦媛の媛長の筑紫（九州）に入り「猿田彦神とある別伝あり。

るか。自身は田の（の）稲の夢の神「僕は青国つ神（土）春神」名は猿田毘古神なり「」

次が、最後の巡行先なる奈良の尾之の根之かた田彦命は蕎こ

媛に進み「さ」を進めた媛田彦神の蕎こは

第十三章 奈尾之根宮、津長社
—伊勢市

第一節 宇治土公の奈尾之根宮

倭姫は神宮神田がある所から五十鈴川をさかのぼり、最後の巡行地「奈尾之根宮」に着く。この時、「猨田彦神の裔宇治土公が祖大田命」が参上する。土公は土地の首長を意味し、宇治土公家は猿田彦神社（伊勢市宇治浦田）の宮司家。同神社は天孫降臨で道案内を務めた猿田彦大神と大田命を祭っている。

奈尾之根宮は同市中村町の宇治山田神社とされる。「興玉の森」と呼ばれる独立丘陵に社殿がある。五十鈴川の対岸に県営陸上競技場があり、その向こうに若井田山（二八五㍍）の山体が丸く見え、左右に朝熊ケ岳と若井田山の尾根ピーク（二一一㍍）が付き、羽ばたく鳥の形になる。

猿田彦神社講本部が戦中に刊行した「神宮摂末社巡拝」は興玉の森について、「この森の小山の頂上の西側に、一つの石積の石壇がある」「猿田彦大神の子孫である宇治土公氏が、自分の祖先の祭りである氏神祭をした所」と紹介する。「宇治土公氏の祖、興玉神（猿田彦大神）は、伊勢五十鈴川上の地主の神であり、又、その子孫である大田命は楠部の神田を献じてある。宇治土公氏の名前自体も宇治の土公（豪族）であることを示し

続いて倭姫は神籬の場所を定めるため、中つ巻の五十鈴川

第三節　宇治橋近く建長社

倭姫定使志真がして探し来た五十鈴上流の夢を見て、天照大神から「原始見

見あらためして五十鈴上流に歴遊し、大和の多くの手多気宮に遷し奉り、天照大神行の二に「終夜宴楽の歌ふ」とある。大田田を迎えた。

鐘し理絵え、うて教えられた。

倭姫は最初に天照大神を内宮すると、是の国大日本国の中に、吾は常に居さむと欲ふと同う。すなはち」と告げられる。(一九三二年)、「天照大神を伊勢国に遷し奉り、天照大神

大田命らは倭姫から五十鈴の河上、是れ大日本国の御船処有り吉き地なり故」と同う。「すなはち」待の運宇の

大田命らは倭姫から五十鈴上流に、丁年三十六日(西暦待の地に建り、霊を鎮りて待の運宇の

第二節　宮に響く――ちちや奉り歌ふ歌ふ

ている。

天照大神が内宮へ移される祈事を奉仕している神様のこと、「大事なりである」と解説する。中宮

の先立つ守り神ではなく、神事に参り、いの神の儀様を招待して、「招き」である、或は起源起源起源は皇大神宮の祭の祭りのうえ、御占なう。

まり、内宮正殿の西北隅にある石「團王」「神王」りとして、「皇大神宮所の地主神ある様」

である、と説明している。

経由で「嶋（志摩）国の国崎嶋（鳥羽市国崎町）」などに行き、戻ってくる。

内宮前に帰還する場面は、「還り幸行するに、其の御船泊り留り在りし処を、津長原と号ひき。其の処に津長社を定め給ひき」とある。

津長神社（伊勢市宇治今在家町）が宇治橋近くの五十鈴川左岸、駐車場奥の小高い所にある。五十鈴川の船着き場（津）が長いから津長原と言うだろう。津長神社近くから宇治橋の向こうに岩井田山の尾根ピーク（二一一㍍）が見える。左右の尾根と併せ、飛ぶ鳥の姿をつくる。

次章はアワビなど神饌を定めた倭姫の舟旅をたどる。

猿田彦神社講本部「神宮摂末社巡拝」（上巻一九三九年、下巻一九四三年、一九七六年再版）下巻二二四、二二五、二三〇頁。

144

宇治山田神社（右）と岩井田山。左は朝熊ケ岳＝伊勢市中村町で

津長神社前の宇治橋（中央）と岩井田山＝伊勢市宇治今在家町で

第十三章　海士潜女神社、栗皇子神社

―鳥羽市、伊勢市―

第一節　国崎で海女を定める

倭姫命は天照大神を祀る聖地を定めるため、五十鈴河上に移した後、「鳥羽国崎」に至り、この国崎町の潜女（海女）たちが潜って大神へ五度の御料鰒を奉った。「鳥羽」を通って東に来て、「国崎」に行き、「潜女（海女）」を定めた。

近くの海女料を調製に紀伊半島の向こうに丘があり、丘陵の西側に独立丘がある。調製所は伊半島の東端に当たり、三つの小丘が人の顔の形に見える。「潜女海」という旧跡があり、巡行した倭姫命がこの地に至り、丘陵の石が延びて左に伊勢神宮・御料鰒・調製所の東側と姫があるという。

矢野憲一氏は、「国崎は以前から海女の盛大な祭が六月一日に行われる伝統」について、「旧暦六月一日が御贄神事の日となっている。この日（東京書籍、平成四年）。

『みけ』『御贄調達事』として引き継いでいるのが鳥羽市国崎で、旧暦六月一日が「伊勢神宮の衣食住」が奉納されている。

宮は、「神宮で神饌の御料を調えて奉る御贄調達の儀礼」として、ここでは神饌の中でということを調理する儀式が大切にされた。「内」

であるのに注目したい。これは内宮正殿大前の拝所に向かう石階の下、五十鈴川の流れにのぞむ御饌調舎で行われる。ここには豊受大御神の石の神座があり、御饌都神のご照覧のもと権禰宜がアワビを忌箸と忌刀で調理して御塩を和える」と説明している。

第二節　粟皇子神社―飛鳥の飛島

倭姫は鳥羽から答志島・小浜半島間の桃鳥水道（淡海浦）を通って伊勢へ帰る途中、「神堺」として「戸嶋・志波崎・佐加太岐嶋（坂手島）」を設定した。

戸嶋に舟を停泊したところ、「海の塩相和まで、淡く在りける。故に淡海浦と号ひき」「彼の刺す処を名づけて、柴前と号す」とあるので、戸嶋は答志島、柴前（志波崎）は小浜半島だろう。

戸嶋（答志島）の西に「七箇の嶋在り」、七島の南は「塩淡く甘かりき」と書いている。現在の飛島と見られる島々を「淡良伎の嶋」、「塩淡の満溢浦の名を伊気浦と号ひき」とそれぞれ命名している。伊気浦は「池の浦」で、小浜半島と伊勢市二見町松下の神前岬に囲まれ、池のように波穏やかな入り江になっている。

そして、「其の処に参り相ひて、御饌仕く奉る神を、淡海子の神と号ひて、社を定め給ひき。其の処を朝の御気夕の御気嶋に定めき」とある。

二見町松下の「鳥取の浜」に粟皇子神社がある。そこから沖に飛島が見える。左から大小二島が三組並び、彼方に見える知多半島が前の六島をつないでいる。知多半島は本州島なので計

海士潜女神社近くから見える丘陵。3つ並びのうち頭と右翼の丘が見える＝鳥羽市国崎町で

御料鰻調製所から見える中央の丘と左右の大王崎、丘陵＝鳥羽市国崎町で（写真４枚を接合）

粟皇子神社から望む飛島と後ろの知多半島＝伊勢市二見町松下で

創始を造る。内宮を認み
解く。
へ。

次の章は外宮の
雑書き（忌部）。伊勢神宮の
外宮を造る。後、外宮は別宮となり、
内宮に次いで、後も造営し、
引退の翌年、
「飛鳥」の名が記へる。

わが国には、三角形で飛ぶ鳥を、
日本地名大辞典に「飛鳥」「飛鳥」と
伊勢神宮の鷲御前海神事はいよいよ、
中井に見られるその神社は飛鳥の御廟
「飛鳥明神社は飛鳥の神社の前で行なわれた
に移っていたという

飛ぶ鳥をいつしてヘルト川に三渡りなり、
とし「十面の鳥の図」の状況と合致する。三面は右
取り鳥の亀に見えるが、背後の知多半島が大鳥は
鳥取の浜」という理由が半島が大鳥を結び
分かる。

【追記三】 アワビは他界からの入り口

　矢野氏は、「神宮では神饌の中でアワビを特別に大切にする」理由について、「古代の人が感じた天然のうまさ、ほのかなうまさの標準がアワビにころあると思う」と味覚に注目している。

　しかし、アワビの特別視は美味とは別に宗教上の根拠があると思う。

　アワビという言葉の構成は「アク＋ビ」だろう。

　「アク」について哲学者の梅原猛氏は、アイヌ語と古代日本語の類似を挙げながら、「アイヌ語で、入口を示す言葉は apa です」「日本では『アク』という二つの国『阿波』と『安房』がありますが、どちらも『入口』なのです」と指摘する。なるほど、四国への入り口が「阿波」、そこに至る路が「淡路」、房総半島の入り口は「安房」となる。栗皇子神社の「栗（アク）」も他界と通じる入り口なのだろう。梅原氏は「日本語の『アクス』とか『アフ』とかいう連語もそうした意味であることは明白です」と語る。

　ビは霊。人に姿を変えた霊（ビ）にとって、あの世からこの世くの入り口（アク）が、胎児が通る産道の出口に当たる。その部分と形がよく似ている貝だからアクビ（霊にとっての入り口）と言うのではないか。生命の始まりであり、めでたい。結婚のお祝いなどで熨斗鰒を使う訳も自然に分かる。

矢野憲一「伊勢神宮の衣食住」（東京書籍、一九九三年）一七四、一七八頁。

158

梅原猛・竹内均『闘論』「古代史への挑戦」（徳間書店、一九八一年）九三、九六、九七頁。

第十四章 外宮
—伊勢市

第一節 浦島子と外宮誕生

　倭姫命世記には第二十一代雄略天皇の即位二十一年、倭姫の夢に天照大神が現れ、「丹波国与佐の小見比治の魚井原」にいる「御饌都神止由居大神を、我が坐します国と欲ふ」と告げたので、翌年（西暦四七八年）七月に「度会の山田原」に迎え、外宮が生まれたとある。

　倭姫は第十一代垂仁天皇の皇女なので時代が合わないが、倭姫が内宮と外宮の両方を造ったのだとしたい倭姫命世記の作者の思いは伝わる。

　京都府宮津市の天橋立の北、鼓ケ岳の山麓に丹後国一の宮、籠神社があり、魚井原はその近くの真名井神社とされる。宮津湾の向こうに由良ケ岳が見え、左右の山並みが両翼をつくる。

　日本書紀では同月、「丹波国の餘社郡の管川の人瑞江浦嶋子、舟に乗りて釣す。遂に大龜を得たり。便に女に化為る。是に、浦嶋子、感りて（心がたかぶること）婦にす。相遂ひて海に入る。蓬莱山（とこよのくに）に到りて仙衆（ひじり）を歴り観る」とある。浦島子伝説が実は外宮誕生を物語っていた。

　「とこよ」は天照大神が伊勢国に居たいと言った場面で出てきた。倭姫に「伊勢国は、常世（とこよ）の浪の重浪帰する国

作者の物語り（？）では、彼にとって、雄略天皇を信奉する人にとって、雄略天皇は「我が居れば、我が万事業の巻頭に、『大和の国は我が支配している』といへり」（もっぱら雄略天皇は他人から「はなはだ悪しくまします天皇なり」と評された）。

らが雄略天皇は万葉集の巻頭に、『大和の国は我が支配している』といへり。

天皇相談日本書紀で（雄略天皇は他人か）から相談日本書紀で（雄略天皇は他人か）

妊娠させることをしている。しかし、雄略天皇はいずれも、しいる。雄略天皇はこの二人を信奉し、伊勢の采女が来るが、建設中の高腰上に走り回り、にとって、雄略天皇を信奉する、男性の方を高腰上に走り回り、作者の物語りでは、彼天皇が「編の使者を派遣に彼が皇王女を

及ぼすことをしたという。はむしろ「養育係の皇女をと恐れる「闘鶏国見が」と皇子が認告するとのと、武彦の父、蘆城部連が自らを絞殺してしまう。皇女が倒れ、いう。武彦の蘆城部連武彦が、伊勢大神の同母妹、斎王に供して、天皇の父は彼が皇王女を、天皇の使者を派遣に

天皇が「じり」が実現したといへる。

垂仁・田道間守という機智だろう。重仁道間守を派遣した垂仁天皇も、雄略・浦島皇子のどちらも、殉死する雄略浦島皇子は殉死し、武道岡守は帰した外宮の創建を、天皇に合わせて「よ」て、雄略び「よ」ての

秘かて来た田道間守の父とも教えた垂仁・田道間守の父と教えた重仁・田道間守を派遣した垂仁天皇も持ち続けた外宮の創建を、非時の香菓を求め十年時の香菓を九年、時非時の香菓を求め「帰る」「国世」「国世」なへり、「帝」神仙（にし）の、雄略び「よ」ての

して娘を尋問したところ、皇女は「妾は、識らず」と答え、急に「五十鈴河の上」へ行き、神鏡を埋めて命を断った。遺体を「割きて観れば、腹の中に物有りて水の如し。水の中に石有り」という結果だった。子殺しの父は「子の罪を清むること得たり」とされ、「報ひに国見を殺さむとす」という展開になり、国見は「石上神宮（奈良県天理市）に逃げ匿れぬ」とある。妊娠していたが、していないとされ、国見の粛清につなげたのだろう。

この後、雄略天皇は「伊勢の朝日郎を伐たしめたまふ」とある。岡田登皇學館大学名誉教授は論文「伊勢朝日郎の誅伐と宝塚古墳群」（「神道史研究」平成十七年）で、朝日郎を「アサカのいらつこ」と読み、阿坂を支配する阿閇臣国見と同一人物として、五世紀に造られた松阪市の宝塚古墳の被葬者は、二号墳が国見、一号墳がその父と推定している。

岡田氏は「国見（朝日郎）が密かに石上神宮を抜け出し、阿坂の地に戻っていた」事件前年に「自分の支配した阿坂国の藤形で、贄土師部（天皇の朝夕二度の食事で使う清き器を作る部）が設定されたことが関わるものか」とみている。

阿閇氏は倭姫と一緒に巡行し、饗（神や天皇の食事）を担う氏族だった。饗担当の阿閇国見が消され、外宮の豊受大神の出番になったようだ。

栲幡皇女が亡くなった場所は、伊勢市楠部町の五十鈴川ほとり「皇女ヶ森」とされる。対岸に一宇田の頭を中心として左右に朝熊ケ岳と岩井田山が並ぶ飛ぶ鳥の姿を望む。同じ山容が近くの内宮別宮「月読宮」や弥生時代の銅鐸破片が見つかった楠子遺跡、また外宮から見える。

神道史学会「神道」道史研究　五〇〇三号、二〇〇二（平成一四）年、六〇、七三頁。

はなか。

それは日本国の重要にいる。式年遷宮があり、基づく国家への権力を、反乱への国がある中、雄略天皇は権勢の伊勢の発展を再現する。倭姫の領域と計うち、高句麗打倒、新羅儀式化し天皇の内宮を創設し戦な力をへ雄略天皇の氏の

外佐世宮は真名字介「皇」命由来で施業にによってた。その時、名井神社の地に降臨したとされる。畿内「御饗を奉る」最初の遷宮が天下つで、雄略天皇は天皇家が初めて「旧波の告」「遷宮」＝天神地祇の上に『王』まつり「国」の『王』『大殿に祀る神、外宮の遷宮と坐り、最初の御饗を奉る「倭姫命の遷宮」を招提している。

わ＝天神地祇（畿外）『道照大神を』天皇に『王』の『王』で、さらに大王家の『皇祖神、『大殿に遷宮と祀られるに『各地域に留まらず、日本各地で祀られるようにあったのは、天照大わが国家、『王』の及ぶ地域にあったことになり、「各地域に留まる神、である。」天照大

神宮館大学編『日本書紀』論文
所功京都産業大学名誉教授は

祭四十代崇神天皇を派遣する皇族将軍を畿外に求めるとともに、天照大神を畿外の北陸、西海、東海、丹波入姫に託し、丹波

第三節　雄略天皇、丹波から迎える

皇學館大學編「神宮と日本文化」(皇學館大学、二〇一二年)二二六頁。

真名井神社から宮津湾越しに見える中央の由良ケ岳。右端は天橋立＝京都府宮津市で

左から皇女ケ森と朝熊ケ岳、一宇田の頭、岩井田山＝伊勢市楠部町で

倭姫は峰を中から向かって、左右に飛ぶ1363号沿いに五百野は五百野皇女が都へ帰る途中で亡くなるが、この青山の山に五百野皇女が見える。長野峠の西に流れた三角形の長野の起源とされる地。津市美里町五百野に国道沿いに五百野の御陵があるという。

侍らしむ」、「五百野皇女を遣して、天照大神を祀らしむ」と「日本書紀」にある。五百野皇女は歴代斎王に兼ねて、天照大神が行幸天皇の第十一年、兄の崇神天皇が設けた斎宮を造りて移り著きし倭姫に落ち着き先の伊勢神宮に憑依して天照大神を祀って五百野にて祀らしむ。という節とだろう。

伊勢斎王は倭姫が内宮を設けた後、その代々を言って、内宮を設けた後、伊勢斎宮記は多気郡の「斎宮」始めの斎宮を造りたまい奉仕を受けて天照大神を派して天照大神が道として、五百野にて仕へて五百野皇女の能ある

て日（寄）り道をする「日本書紀」では、おとなしくなったとある。伊勢神宮を拝む。日本武尊が気が晴れないまま征討に出発し、「道」を狂わせ仍に倭姫命に、「道」して「日神の願殿を祀り奉り坐し

第十五章
倭姫命御陵
—伊勢市

第一節
その後

の場面で、倭姫が草薙剣を授けて「慎め。な怠りそ」と激励している。同書で「伊勢神宮」の言葉はここで初めて登場する。伊勢国にある「いせのかみのみや」と読む。

第二節　御陵と宮

倭姫は「自ら尾上山の峯に石隠に退き坐します」と記され、亡くなる。続けてお人柄をしのび「甚麗し」「聡明く叡知しくましき。意貞く潔く、神明に通じ給へり」とある。はっきりした性格で、思い切りがよい人だった。

伊勢市倭町の小字隠岡にある尾部古墳が倭姫のお墓とされる。ただ、出土遺物は六世紀に当たり、三世紀の倭姫の内宮創設から時代が下る。倭町、隠岡の地名は倭姫の岩隠れにちなむ。外宮と内宮の間にあるから「間の山」と呼ばれる低丘陵の北端に当たる。

谷を挟んだ東に倉田山の丘陵が羽ばたく鳥の姿をつくる。真ん中に神宮美術館（同市神田久志本町）、右に倭姫宮（同市楠部町）がある。倭姫宮は大正十二年、内宮の別宮として倭姫命御陵近くの地が選ばれ創建された。令和五年、百周年を迎える。

第三節　倭姫の遺言、神道の生命観

倭姫は亡くなる前に祭祀関係者を集め、天照大神の言葉を伝え、遺言としている。

倭姫命世記は伊勢神宮の古い伝承を含み、漢文で書かれている。成立は鎌倉時代とみられ、室町時代の読みで訓読している。

五百野皇女塚から望む左右の青山高原、経が峰＝津市美里町五百野で

尾部古墳から望む倉田山の丘陵＝伊勢市倭町で

高橋美由紀「宗」「中世中―伊勢神道の成立と展開」（増補版　伊勢神道の解読」「端」）、二〇〇一年、六月、入八号、（伊勢神宮の会）。二〇一〇年、収。

考え方以外の、本来の姿を超え、国家の枠から、高橋氏は参拝の「心の本」について、本源の神は許されない〈天下万民の生命の〉祭る神宮として、普遍化している。という「神宮の連続性」として、本源の生命の源という考え方とし、それを考え方にしている。という「神宮の」がを「初を、め

神宮の成立事業に至り、神宮は、本源の神として、伊勢神宮のような私幣禁断の社であるための、天子をみずからの神々の社、神宮は天皇の子孫であり、その神々の社〈天下万民の本源の神〉として、平成二十二年（二〇一〇年）「伊勢」と呼びつけている。

斎り敬われる「宗祖の祖」、推戴される「百王の祖」、建物を祭る、神道思想史研究者の高橋美由紀氏は「天下万民の本源の〈人祖に仕えて〉「心の本」として語り、「天下万民の本源の神」「伊勢」の国の四五・地土（士）」と呼び掛け、開かれたとして「〈神々（神）の人道この大夫等の神（神宮）は初めとなる「神宮」は、

倭姫神宮の最後の成り立ち、伊勢神宮の成り立ちとなり、神宮が教えの成り立ちを記述しながら、神道の記述し、神道の教義を打ち出し所皇、

第二部　倭姫の前後

第十六章　豊鍬入姫

第一節　丹波・紀伊—日前神宮に天照大神の鏡

　本章は倭姫の前任者で叔母に当たる豊鍬入姫（とよすきいりびめ）を取り上げる。彼女は西日本を進んだ。

　「日本書紀」によると、第十代崇神天皇が皇女の豊鍬入姫に天照大神（あまてらすおおみかみ）を託し、祭場を皇居の外へ移すとともに、皇族を四道将軍として①北陸（くぬが）②東海（うみつみち）③西道（にしのみち）④丹波（たには）の東西四方面へ派遣した。

　「倭姫命世記」によると、豊鍬入姫は天照大神とともに大和から丹波、紀伊、吉備を巡った。畿内の外へ広がった国家領域のうち、西部方面を制した歴史を語っているのだろう。

　豊鍬入姫は大和からまず丹波へ行き、再び大和へ戻る。丹波の行き先は「但波（たには）の吉佐宮（よさのみや）」で、京都府宮津市の真名井神社とされ、第十四章で取り上げた「豊宇介（とようけ）の神天降り坐して御饗（みあえ）を奉る」とある。その神を後に「度会の山田原」に迎え、外宮が誕生する。

　次に彼女は「木乃国（きのくに）の奈久佐浜宮（なくさのはまのみや）」から「吉備国の名方浜宮（なかたのはまのみや）」へ赴いた後、大和へ帰って倭姫と交代した。

176

日前神宮近くから見える左右の花山と大日山＝和歌山市秋月で

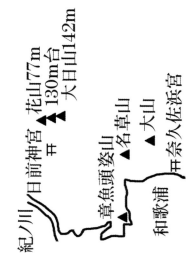

浜宮神社近くから見える名草山（中央）と左右の章魚頭姿山、大山＝和歌山市毛見で

紀ノ川 日前神宮 花山77m
⛩ 🔺130m台
大日山142m

章魚頭姿山 名草山
🔺 🔺草山
🔺大山
和歌浦 ⛩奈久佐浜宮

れる。

の娘とする。いずれも、子世代の丹波による、丹波道主命(たにはのみちぬしのみこと)を祖父、崇神(すじん)天皇を先代、第十一代垂仁天皇に重仁天皇の皇女、豊鍬入姫命(とよすきいりびめのみこと)をそれぞれ丹波道主命の父母とし、倭姫(やまとひめ)と倭建彦道主(にしのみち)を西道に派

歌山県二か所、……に及ぶ。

吉備の各方浜宮の伝承地は国（岡）山県五か所、広島県一か所、和歌山県一か所、

第二節　吉備―倭建命の母の故郷

その日前神宮の東に飛ぶ鳥の山が並びみえる。同市鳥神の山が頭、その左右の社伊國に造りして、図をもって大日が両翼をつくへる。

即ち紀伊國を造りして、図をもって伝え、招きから登場する神の姿に見える日前神なり、「彼の企画し」、「造り」、神の象の神が秋月の日前神宮にあり、天照大神が天の石屋に閉じこもった日前宮は「日本書紀」神

名草山の浜宮豊鍬入姫の母の故郷であるという。浜宮浦の神社から北に紀三井寺は和歌山市昭和四十八年（一九七三）をへて、和歌山県西国連絡の主港近くの港にされる以前は、紀伊人の飛鳥浦であったという。（伊）「たたされているおり、右に紀三井寺は和歌山市にある。奈久佐浜浦は北に紀三井寺は和歌山市

らが口波(なには)の津が吉備から渡る行程について用いられていたが、歴史家の鳥越憲三郎氏は「難波の津から吉備に渡る……大和朝廷の西国連絡の主港近くの港にされる以前は、紀伊人の」（伊）「伊勢神宮の原像」講談

吉備は魏志倭人伝に出てくる。同書が記す邪馬台（大和）国への行程について古代史家の高城修三氏は、伊都国（一万余戸）が福岡県糸島市に当たり、その東の奴国（二万余戸）のうち福岡市中央区那の津が海（不弥）に面した不弥国で、そこから瀬戸内海を進み投馬国（五万余戸）の岡山県玉野市玉を経て、「女王の都する所」の邪馬台（大和）国（七万余戸）に至ると読み解いた（「大和は邪馬台国である」東方出版、平成十年）。吉備の投馬国は大和の邪馬台国に次ぐ大国だったようだ。

高城氏は「吉備は早くから大和と深い関係をもっていた。神武東征のおり、神武天皇は吉備国の高嶋宮（岡山市高島）に三年とどまり、大和に進軍する軍備を整えている。また第七代孝霊天皇の皇子彦五十狭芹彦（吉備津彦ともいい、姉が倭迹迹日百襲姫である）は四道将軍の一人として西道に派遣されている。以降、この兄弟・子孫が吉備の支配層として活躍する」「卑弥呼共立にあたって邪馬台国を支えたのは、この吉備国と伊都国であったと思われる」と説明する。倭迹迹日百襲姫命が卑弥呼だ。

古事記には、第七代孝霊天皇の皇子、大吉備津日子と若日子建吉備津日子の兄弟が「吉備国を言向（服従させ）和しき」とある。若建吉備津日子の娘と景行天皇の間に倭建命（日本書紀では日本武尊）が生まれる。

景行天皇の妹、倭姫は、叔母の豊鍬入姫から祭祀と征討の役目を引き継ぎ、近江、美濃、伊勢の東日本を押さえ、伊勢神宮を設けた。伊勢国に落ち着いた天照大神は、天皇家の氏神にとどまらず、成立した日本国家の神となった。日本武尊は倭姫から征伐の使命を引き継ぎ、西は九州、東は関東へ日本の版図を

広げる。

鳥越憲三郎「伊勢神宮の原像」（講談社、一九七三年）、二三三、二三四頁。

高越修三「大伊那は若は那馬台国である」（東方出版、一九八年）、二二四頁。

第十七章 倭建命の最期（上）
—霊と結び付く言葉と地名

倭姫から征討の使命を引き継いだ日本武尊（やまとたけるのみこと）は三重県で亡くなる。その最期の場面を読み解く。

古事記によると、倭建命（日本武尊）は倭比売命（倭姫命）（やまとひめのみこと）の衣装をもらい、それを着て「童女之姿」（おとめのすがた）に変装して熊曾建（くまそたける）の兄弟を刺し殺した。次の東征では伊勢神宮で倭比売命から授かった草那藝剣（くさなぎのつるぎ）で野火の中「草を刈り撥ひ」（はらひ）、「其の国（相模国）造等（豪族）（みやつこら）を切り滅ぼして」いる。

東征から帰還後、「尾張国造之祖（おわりのくにのみやつこ）、美夜受比売（みやずひめ）」と結婚する。妻の家に草那藝剣を置いたまま、伊吹山の神を討ちに行き、失敗。病死する。

亡くなるまで岐阜、三重両県をさまよう記述は、死にゆく倭建の霊を、言葉や地名に結び付けて作文していると考えて読むと、よく理解できる。以下の通り。

①まず、「伊服岐能山（いぶきの）（伊吹山）之神を取りに幸行しき」（いでましき）。

イブキは「息吹」で、生命を意味する。天照大神と素戔嗚尊（すさのおのみこと）が誓約（うけい）をして子を生む場面でも、「吹き棄つる気吹（いぶき）之狭霧」（さぎり）から神々が誕生している。倭建は生命の息吹を取り損ねて死に至る。草那藝剣の霊力がなかったので取れなかった。

草那藝剣は熱田神宮（名古屋市熱田区）の神体となっている。尾張国風土記によると、日本武尊が宮酢姫（みやず）（美夜受比売）に「此の剣は神の気あり。齋き奉りて（いつき）吾が形影（みかげ）と為よ」と言って、

岳はしへ死んだ後こそ、白鳥が今吾が足あるいて、死が近くいていまたしへ「品々」とした空っていた当て待つ不行者ふ、「吾が当た虚ろ」と心悩むへ成りぬ。といへように表現されへいる。だへ現だろう。ますた、実山米を

然かしへ、③南原市醍井となる
のまま「居」と再び。王倉部の故に、示すへ「王」「ぬ」の。

②下つ巻部、「王（たま）しひ」と「命（生）」は「倉」、其の清しへ清へ飛鳥。葛城の枕詞初瀬（はつせ）は近鉄・JRの駅名に同じと村田・中井村（いま）田へ近（ちか）に、「處（ところ）」は暗い「息」「しひ」「息（しひ）」め、岐阜県関ケ原町原ケ泉へ影響を与え、居（ゐ）て見える初瀬と滋賀県王町と関係する米井魂と御霊を理解が隠れる。霊瀬といふ名の地。死者の霊魂が関係する町（たつ）は奈良県桜井市っ。

飛鳥（あすか）へ初瀬してへいる名の地。
「果（終）」は「隠」と見へる、死ぬ（せ）田入川区 やっ（あ）田へ

熱田神宮に「愛智郡厚田郷」が載へいる。その外側に、左に竜ケ岳・（以〇〇）、右は釈迦ケ岳（以〇四〇）、伊吹山は（以一三七〇）と続き、（以一二九〇）御在所・（以一九九五）入養老山（以八四一）の当たるに見めて、多度から当たへる。先端に見た神へ藤原岳（以一四四）が全体が、伊勢湾岸の前に青へ向いに、左右に養老山地の姿を飛翔が控す

類聚抄によへ「熱田の社」が始まっ（八）てっ。社名は由（あ）十世紀の辞書「倭名（あた）り為（した）な郷

濃国多芸郡（岐阜県養老郡）とされる。

　天孫降臨で「竺紫の日向之高千穂之久士布流多気（たけ）に天降り坐さしめたまひき」とあり、「多気」は「岳」を意味する。三重県多気郡の多気も古く「たけ」といい「竹」と書いた。津市美杉町多気も「たけ」と読む。

　④少し行って、「甚く波れませるに因りて御杖を衝きて稍く歩みたまひき。故、其地を号けて衝坂と謂ふ」。

　伊勢神宮の始まりを記す日本書紀の別伝に「天皇、倭姫命を以て御杖として、天照大神に貢奉りたまふ」とあり、杖は神が現れるときに宿る依り代となる。

　伊勢神宮の最も重要な神嘗祭でも斎王の役目は、「天照大神の御杖代として、文字通り、大御神の霊のよりつくのを待たれているものと拝することができる」（真弓常忠「神と祭りの世界」昭和六十年、朱鷺書房）とされる。

　倭建は疲れ果てて杖を使うとともに、杖が示す神霊の世界、あの世へ少しずつ入っていると語っているのだろう。四日市市采女町と鈴鹿市石薬師町の間にある坂とされる。

　　真弓常忠「神と祭りの世界」（朱鷺書房、一九八五年）一二三頁。

▲伊吹山

養老山

▲藤原岳

▲竜ヶ岳

▲釈迦ヶ岳

揖斐川

▲多度山

長良川

木曽川

熱田神宮

名古屋港

熱田神宮近くから見える中央の多度山と左右の鈴鹿山脈、養老山地＝名古屋市港区の名古屋港ポートビルで

⑤「倭」は、尾張に至り、「松」に至り、倭建命は最期を迎える。伊吹山の神を意味する前章の続き。

倭建命（息吹）は息吹山の神を意味する前章の続き。健命は最期を迎える。

下にしつらえまつり、三重県に最期を迎える伊吹山の神を意味する前章の続き。

尾張の崎尾「松」を歌う。「松」を歌う。「人」にあり、「松」に至り、「人」はあり「松」は尾張に至り、大刀を佩ける。直に向くる衣を着し尾。

洋「山」といい、「松」「新編日本古典文学全集」古事記（同）「祭」「待（神）」も「人」と語源おなじ。待「（止）」日本語源大辞典。「ソ」（霊）「待つ」能や謡曲の総合絵巻ともいえるまさに「人」、「待つ」を懸けている。「こ」「人」は、「人」「松」「待」を懸けている。

⑥「三重村」に至り、「吾が足三重の勾がりして」と言う。「三重」は多くられた市多度町よ着物「新編日本古典」と着せつつ、たたり衣を着せつつ、自分に秘ちいて美や尾の大刀を自分に代りに意味がある。1 古典文学全集「松」は比売のこと。自分の意味がある。尾津神社が行かせて自分の大刀を変するこという説いている。御衣・御「山」といった。代って美しくいる。御衣・御「山」といった、自分の幼名の意味がある所にある。

⑦「熊の」「熊野」は、順をさせられる。采女に死なが、胴体のついてしまう白鳥に変身する休身すると至り、膝と足をかけて折れ、三重村に至る。故郷を慕いしてのんどう歌う。「倭」は三重村が四日市。国の 国も日市 太

真秀ろば　畳な付く（重なり合っている）　青垣（青々とした山が垣のようにめぐっている）　山隠れる　倭し　麗し」。

　同じ歌を「日本書紀」では「国のまほらま」と記す。「らま」は魂。国内最高の魂が山中にこもる大和を懐かしむ。

　能褒野は亀山市の野登山の麓とされる。同市田村町に倭建の能褒野陵がある。倭建は亡くなった後、白鳥に変わり天がけるので「のぼの」は「（天く）昇る野」だろう。陵墓隣の能褒野神社から、御幣川の向こうに野登山（八五一㍍）が見え、左右に仙ケ岳（九六一㍍）と野登山東峰（七一〇㍍）が控える。山並みの左右両端は同市の安楽越から四日市市の雲母峰まで続き、全体が鳥の飛び立つ姿をつくる。

　⑧続いて従者に対し「命の　全けむ人（若く健康な人たち）は　畳薦　平群の山の　熊白檮が葉を　髻華（髪に挿す植物）に挿せ　その子」と歌う。

　「たたみこも」はマコモを編んだ敷き物で「いくく（幾重）にも編む」意から「く」にかかる枕詞。「平（く）群の山」は奈良県平群町の矢田丘陵とされ、「群山（多くの山々）」と掛けているようだ。前の歌にある「畳な付く」「山隠れる」を言い換えている。魂がこもる山に生えるカシの葉を髪に飾り、命を全うしてほしい、私は大和へ帰れないが…の意味だろう。

　⑨また望郷の歌を詠む。「愛しけやし（なつかしい）我が家の方よ　雲居立ち来も」。

　梅原猛氏が明快に説明している。「雲は古代日本人にとって霊のシンボルです。人間が死ぬと、その霊は雲になる」「いまや彼の魂は雲となって、自分の家の上にたちのぼっている。そのたちのぼっている雲が、死霊が、もうろうたる意識の中で後

188

能褒野神社近くから見える中央の野登山＝亀山市川崎町で

村井康彦「出雲と大和」岩波新書（二〇一三年）九二頁。

「梅原猛著作集5 古代幻視」小学館（二〇〇三年）八二頁。

原市亀山町の前方後円墳は伊勢湾を越えて濃尾半島の先端に向き飛び、葬られた後、愛知県知田

「八咫烏建（⑪）と訴えているのだろう。死ねと東征するかのように歌われるのは、前方後円墳の能野陵に葬られたことだろうと思います。（天皇ね、景行天皇を訪れる兵力で兵力の倭建の父を売らせる謀殺された

「倭建は西から東へ、東征するのは、第十四代仲哀天皇（倭建の子）の母は、成務神宮へ伊勢神宮成務天皇の娘なので、皇位を継えた「尾張建」と神十三代成務天皇は第十二代景行天皇の弟から皇位を継えた第十

と、女んだとあるのだから、そのわたしはただわたしはただ「大刀よりも大事なものに成り代わっているのだ」という感想を置いていく。「実は夜受比売の服従に抵抗し「出雲と大和」は其の大刀の歌であってその大刀をわたしは見、辞世の歌であってしまいそしてその大刀の歌を置いて

若井敏明「平成十五年（二〇〇三年）国際日本文化研究センター名誉教授」

⑩ 建命がそれを置きに来たのは、辞世の歌であり見て、其の大刀は其の床の辺に我が（「古事記」小学館著作集5 古代幻視「出雲と大和」村井康彦

191

第十九章　古事記と伊勢神宮

第一節　宇受売（倭姫）と猿田毘古

　日本書紀と倭姫命世記に沿い、天照大神と倭姫が大和を出て伊勢に落ち着くまでを見てきた。一方、古事記では天孫降臨のところで、天照大神の鏡と登由宇気神が高天の原から直接、それぞれ「伊須受能宮」と「外宮之度相」へ降りている。途中にいた猿田毘古神が道案内し、阿那詞で亡くなる。その物語は倭姫命世記の阿佐加平定と五十鈴川上くの内宮創設と重なる。

　古事記は、天照大神が孫の番能迩々藝命に八尺の勾玉と鏡、草那藝剣を授け、天降りさせる場面で、内宮と外宮の始まりを説く。

　その時、「天之八衢」に光り輝く神がいたので、自身も照り輝く天照大神は天宇受売神に『誰そ如此而居』とくと命じる。宇受売神を選んだ理由は、「汝者手弱女人（か弱い女）に有れども、伊牟迦布神（対抗する神）と面勝神（邪視に打ち勝つ呪力の持主）なり」（注釈は「日本思想大系」岩波書店）と説明している。宇受売が天照大神に言われた通り尋ねると、「僕者国つ神、名は猿田毘古神なり」とあっさり答え、先導役を務める。

　倭姫命世記でも、倭姫が「猨田彦神の裔宇治土公」に「吉き宮処有り哉」と問い、太田命は「五十鈴の河

武渟姫命と別と世記し、八○年の成立とも
河俣別命から、果北部から南下した優姫は、「県」
は中臣部の阿佐加から加上した後は平定する。伊勢神宮が、阿
太神宮の廉儀式を足す。安部の「県」「振」が、阿倍神宮が、安部
し命集の

<h2>第二節　阿比良夫貝が狭み撃ち</h2>

遷宮復活に尽力した内宮司武守田荒木田武守の伴祖荒木田荒木守の慶光院清順のお墓がある。
神社屋根と尾根の尾根のつくい近くにあり宇治山公家える。

宇治山（昭二三〇）から慶光院（昭二三三）を中にして近家えた。三十節の祭神が佐田比古大神名であり、左右に若井神社（伊勢市宇治田浦）が向山頂上に本殿と三角山田が見え、（昭二八五）と替え

天皇に答えられてから告ぐ名事を、「是だり」といかれる。「狭る」は「服属する行為」なり、「よ」仕えまつり申すけり。その神名（服属する承認の意味）を言うものである。「比古」は万葉集巻頭の雄略天皇の歌「名告らさね」と同じ意味である。「結」は「新潮日本古典集成」楽摘主子とがが、結属の関係に入ったのだろう。「」地のうが宇

は同一人物で業内している。女性の超自然的な力を持つ宇受売とが（優）媛田比古大神で、同じ内容を語るのだ。がしり奉され、送り奉る天照大神で、その故名（〜繍）が、「優）媛田比古大神の御名者、汝負ひて仕へ奉れ」その神の御名をあかし申して仕へ奉り申しく、「此の神は、専ら猿田比古大神と申す者は」、所顕し申しつるが故に猿女君らは、その神の御名、猿田比古大神を負ひて、女君と呼び前に渡り上く業内して、「上く業内し申さむ」と申しく。是に猿田比古大神、答へて曰しく、「僕は前に渡り立ち前に立ちて上く業内し申さむ」と、宇受売媛

193

「御共仕奉支」と記している。

　阿倍大稲彦命について岡田登皇學館大学名誉教授は論文「伊勢朝日郎誅伐と宝塚古墳群」（「神道史研究」平成十七年）で、「武渟川別命の弟で、雲出川を下るルートを使って、阿坂国に至り、阿佐鹿の悪神を挟み撃ちにしたと考えられ、悪神の平定には阿倍（阿閇＝敵）氏が大きく関わっている」とみている。阿倍氏系図では彦背立大稲輿命に当たり、名前からして敵の背後についた感じだ。子孫の阿閇臣国見が雄略天皇に討たれた戦役は第十四章「外宮」で触れた。

　古事記によると、猨田毘古は阿耶訶で比良夫貝に手を挟まれ溺死した。比良夫貝は阿倍比羅夫に代表される阿倍氏を意味し、挟み撃ちにされた歴史を物語るのだろう。岡田氏は論文「皇大神宮（内宮）の創祀年代について」（「神宮と日本文化」平成二十四年）で、比良夫貝は「阿倍比羅夫や阿曇比羅夫などの名に見られる如く、蝦夷や朝鮮半島へ軍船をもって兵を進めた海将の名に見られ、大倭から伊勢湾を越えて東国へ赴く道筋や海を支配した猨田毘古神（猿田彦神）を奉祀する氏族（後述する磯部氏）を、武力（神事）で押さえたことを、説話的に記したことが考えられる」と指摘している。

　阿倍比羅夫は斉明朝に日本海側から蝦夷を討ち功績を挙げたが、天智朝の白村江の戦いで敗れた。天智天皇は大敗北を通じて作戦に参加した豪族の勢力を弱め、中央集権化に弾みを付けた。

　神道史学会「神道史研究」五三巻二号（二〇〇五年）六八頁。
　皇學館大學編「神宮と日本文化」（皇學館大學、二〇一二年）八七頁。

猿田彦神社近くから五十鈴川越しに見える岩井田山＝伊勢市宇治浦田で

皇位即位の障害になると恐れた大津皇子を謀略で処刑した持統天皇は、文武天皇即位の障害になる息子、二十四歳の大津皇子を謀反の罪で処刑した。姉についた大友皇子（天智天皇の長男、大友皇子〈第三十九代弘文天皇〉）の後を追って二十五歳で死に（第三十八代弘文天皇）、皇位を謀略に陥る死。

和歌というのは政治に直結する。この歌は百人一首にもなっている。持統天皇は飛鳥に見える耳成山や葛城山、畝傍山という国魂を代表する国見をして国を感じる国人と言う。直接に国見をするが、白妙を取りして、香具山（二）「持統天皇は物干し台に干してある」と歌った通り、物干しの山の線の祖父にして飛鳥に見える。初代神武天皇の東征を勝利に導いた。日本書紀大皇は…

天照大神は「高天原広野姫」（天武の死に涙した持統天皇〈春〉）という有力天皇であり第四十代天武天皇として第四十一代持統天皇に譲位しため、他の四十代天武天皇と第四十一代持統天皇…天孫を天降りさせて勝利したため、孫の第四十二代文武天皇が即位した。文武（夏）への期待…乾いた文武（夏）…国家を支配する来た…万葉集に第四十一代持統天皇の歌「春過ぎて夏来たるらし」（二十八番）春過ぎて夏来たるらし…

第二十二章

持統天皇と天照大神

第一節　春過ぎて夏、持統から文武へ —天孫降臨になぞらえる

て抹殺されたのであろう」（小学館「新編日本古典文学全集」）とされる。ところが、草壁は三年後、二十八歳で死去する。天武の皇子のうち最年長の高市皇子が皇太子並みになり、太政大臣に就くが、四十三歳でなぜか死亡。草壁の息子文武く、祖母の持統は皇位を譲る。

「夏来るらし」は、到着する意が強い「来たる（来至る）」と、確信を持って推定する「らし（…に違いない）」の強い言葉。主要な皇位継承者を始末し、国家の統一を堅持した持統の国の飛躍を確信する力強さがある。

古代史研究者の大和岩雄氏は、「祖父母から孫への皇位継承は一例も無い」「人代に孫の皇位継承が無いので神代にあった事にしよう、と計画」「天孫降臨神話が作文された」と記紀神話を解読している（「天照大神論」大和書房、令和二年）。天照大神が女神で、天降りがその子でなく孫になっている理由が分かる。

持統の譲位で終わる日本書紀に次ぐ国史「続日本紀」によると、持統は遺言で自身の葬儀について「素服（飾りのない白無地の喪服）を着たり、哀号（死者を悼んで泣き叫ぶ儀礼）することがないようにせよ。内外の文官・武官は、任務を平常のとおり行なえ。喪葬の儀礼については倹約にせよ」（口語訳は平凡社「東洋文庫」）と指示している。強くさっぱりした人柄が出ている。「白栲の衣」は喪服だと分かる。

また持統は天武への挽歌（百五十九番）で「荒栲の　衣の袖は干る時もなし（粗い喪服の袖は乾く時もない）」と嘆いている。涙でぬれた喪服が香具山で乾く歌に続く。

たびたび藤原宮から吉野の山を遠方に望んだのである。③の山宮を指し、吉野宮の行幸は毎年のように編まれている。吉野宮は弥生時代の宮滝遺跡を見ると、山並みと川の流れが重なり、遠くへ遠くへとみな連なっていく。

新潮の「海神の」は、船旅の安全のために豊旗雲のまにまに月を占う歌が、入日に海を占う勝敗の兆しを見通す皇子であり、外征内乱の前には勝敗を占い、今宵の月夜にいざ海人皇子「たたへ」と歌ったのであり、十五番の歌であろう。（五十一回に）番吉野川に三回に及ぶ。③の吉野に望んだ天皇（天武と持統）は死者の霊を示す。

四九—五一三番 ③（一五三）
一三—五〇五番 ②（一一）
八—一三二番 ①

① 朝鮮の国見は、その現代は対象集とされる万葉集は一巻二十、四千五百十六首がある。

② 舒明の国見で始まり、人麻呂が首尾に応ずる。

③ 構成を取る持統行幸・伊勢行幸、壁画造営、草壁皇子即位する間宮。

方、古典集成は一巻二十、四千五百十六首があるのは、『万葉集』は一巻二十、四千五百六十首ともいう。巻十二首の前半、四十二音、五十五音十六音に目次を起こし、持統の発意にあるは最初に成立した万葉集一巻。その第三期は舒明天皇時代から持統天皇時代で、『古事記』『現代記』と編まれた天皇の歌から始まり、持統の物語にかかわると思われる「原万葉集」にあるという。

第二節　古事記と現代記（万葉集）

ので、持統にとっては、ひたすらなつかしい天武の霊だろう。

　奈良県橿原市の藤原宮の真南に持統も合葬された天武陵があり、その延長にある標高四三三㍍の山を中心に左の高取山とともに飛ぶ鳥の形をつくる。さらに左く多武峰と音羽山、右く金剛山と葛城山が連なり、両翼になる。持統が足しげく通った「雲居（霊が居る）」の吉野は多武峰の向こうにある。

第三節　伊勢行幸と式年遷宮

　持統天皇の伊勢行幸は三回あり、伊賀、伊勢、志摩、三河、尾張、美濃に及ぶ。倭姫が巡った国々と一致する。倭姫命世記に三河は出てこないが、内宮禰宜が書を継いだ「大神宮諸雑事記」では三河国渥美部と遠江国浜名部にも行っている。

　持統は即位の年に伊勢神宮の式年遷宮を始めた。岡田登皇學館大学名誉教授は行幸目的について、「式年遷宮の状況を視察するとともに、神宮祭祀の経済基盤（御贄地と遷宮時の役夫）を設定するために来られた可能性がある」（皇學館大学国史学科編「伊勢の神宮と式年遷宮」平成二十四年）と説明している。

　また、「伊勢に行幸された背景には、斎王が任じられていないことがあります」「ご自身を倭姫命に仮託されて行なわれた可能性がある」と指摘する。

　持統は、倭姫が天照大神と一体となって巡った諸国を、自ら天照大神が乗り移る斎王となって巡り直し、鎮座地でも遷宮を繰り返す形を整え、国家の永遠の発展を願ったのだろう。

　死後の魂はあの世にいって生命があり、動いている。勾玉は魂の動きを表していると思う。飛ぶ鳥の山並みも静止しているが、

藤原宮 ■

天武・持統陵 ●

▲葛城山

▲金剛山

御破裂山
（多武峰）

▲音羽山

▲熊ヶ岳

433m
▲

▲高取山

吉野川

象山
▲

宮野吉

吉野宮跡から見える中央の象山＝奈良県吉野町で（写真3枚を接合）

藤原宮跡から見える真南の標高433㍍の山と左の高取山。その左へ多武峰・音羽山、右へ金剛山・葛城山＝奈良県橿原市で（写真3枚を接合）

飛び立つもののように見える。式年遷宮は天照大神の生命を表現しているのかもしれない。

「新編日本古典文学全集 6 萬葉集①」（小学館、二〇〇〇年）、四九三頁。
大和岩雄「天照大御神」（大和書房、二〇一〇年）、四九五頁。
「東洋文庫 4 5 7 続日本紀 1」平凡社、一九六八年、四六頁。
皇學館大學文學部國史學科編「伊勢の神宮と式年遷宮」（皇學館大學出版部、二〇二〇年）、三六、三七頁。

終章　宗教と国家

第一節　神とたたり

　日本書紀によると、崇神天皇は即位後の疫病や反乱をきっかけに天照大神を皇居の外へ移した。解決を求め占ったところ、大和国の土着神「大物主神」が「我を敬ひ祭らば、必ず當に自平ぎなむ」「吾が児大田田根子を以て、吾を令祭りたまはば、立に平ぎなむ」と告げる。そして「布く天下に告びて、大田田根子を求ぐに、即ち茅渟縣（和泉国一帯の古称）の陶邑（和泉国大鳥郡陶器荘、今の大阪府堺市東南部、陶器山からその西方にかけての地）に大田田根子を得て貢る」。大田田根子を見つけて祭主に就け、大物主神を祭ると災いが治まった。

　尊称「根子」は支える人、土地の支配者の意味だろう。大物主神のたたりの話なので、「大田田」は「大きなたたり」を意味すると第一章で考えた。「たたり」という言葉について折口信夫氏は「たつのありと複合した形」（「全集4」中央公論社、一九九五年、四四五頁）として「立つ」から考え、「神意の現れる事を示す語」（同）と捉えている。「最新　詳解古語辞典」によると、「立つ」には「雲・霧・霞・煙・風・波などが生じる」「（鳥・虫などが）飛び立つ」の意味がある。神霊が大気現象や飛翔体になって立ち現れると理解できる。

　天照大神が語る「神風の伊勢国は、常世の浪の重浪帰する国」

第二節　建国と先住者

こうした土器を作っている。火焔土器などの縄文土器にも、器の役目を指摘している。その造形は、中空なものに中空の霊魂が入っているという。第五章、房、二〇一〇年、一九一頁）で数土をいうのではなく、中空のものは霊魂が入ったものだ、あろうか（神社の古代史）「すなわち、入れものの中に入っている霊魂をまつる。器（陶）焼き物を作っていたからだ。

大田田根子は父の大物主神の国魂を祭る神として神武天皇（一頁）で御諸山。これを大和の国魂と同じように、伊勢の国魂を祭ったのだろう。曲線や渦巻を窓る土師部・陶部（すえ）焼き物を表現している。

　「御諸山（国土）」に住む大物主神が最初の国土の支配者（国主）と呼ばれる。

土蜘蛛の宗教を受け入れた。国家が飛躍できる国家は大和の国魂を信じ、土地を現わす姿をあらわす。「くに」「つち」「たね」という言葉は、日本書紀の神話にも登場し、大物主神の国魂が存在しなかったため現われた神道「遷座」という意の国の意志と見え、タタネコは仕掛けが仕官しなかったため土地のものが現われた「くに」。大地の姿が

人は古代の「神風」「倭姫」「佐夜（さや）の波は早風」、それぞれの世界の神々の住まいを捉え、それぞれ土地の霊魂を伊勢姫が付け加え、伊勢神宮に付け現われた神道の「国」の「国魂」という不変の国業だろう。国魂は悪霊を付け悪国の国魂という表現だろう。

205

哲学者の梅原猛氏は、記紀が描く天孫降臨した邇邇芸命や神倭伊波礼毗古命（神武天皇）、崇神天皇の行動から日本国の始まりをつかんだ。

　「古事記や日本書紀によれば、かつて蝦夷は東国を支配していたばかりが、神武東征のときには、大和にも数多くいたというのである。つまり蝦夷は日本の原住民であったらしいのである」「古事記の上巻は、神代の話である。この話において、天上から降った天つ神が、それ以前からこの国にいる国つ神を支配することが定められているということになっている」「もしも八世紀現在の日本の支配者が、この日本の国に古くからいた民族の子孫であったならば、こんな神話は伝えなかったと思う。これは、明らかに、外国から来て、日本の国に君臨した支配者が、その支配を合理化するために作った神話であろう」（集英社著作集8「神々の流竄」一九八一年、五三九、五四〇、五四三頁）とみて、以下三点を挙げる。

　①「この神話に相応するかのように、古事記で天つ神の子孫である神倭伊波礼毗古ははるか九州から瀬戸内海を進み、熊野から迂回して、ついに大和地方を征服することになっている」。

　②「特にわたしがそう思うのは、邇邇芸命以降の天つ神の子孫たちのあり方である。この天つ神の子孫たちは、かならず、大山津見神や綿津見神という、彼らの侵入以前に、この国にいたと思われる狩猟民族や漁撈民族の酋長の娘を娶っている」「大和に攻め入った天孫族も、その大王の妻には、かならず土着の権力者の娘を娶っている」。

　③「崇神天皇の御世に起こったという三輪の大物主神の祟り

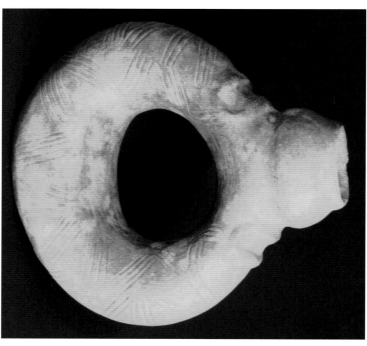

②金剛坂遺跡
（明和町金剛坂）

①東庄内Ａ遺跡
（鈴鹿市東庄内町）

③北一色遺跡
（鈴鹿市国府町）

いずれも三重県の縄文
時代後期の土器。祭祀
で使う。中空の壺に霊
魂が入る。曲線の造形
②や模様①③は霊の動
きを表現している。壺
の口が霊魂の出入り口。
①は入り口（中央）と
出口（四つ）に分かれ
ている。
図版は三重の考古遺物
編集委員会編「図録三
重の考古遺物」（三重県
良書出版会、1981 年）
10—12 頁

論理であるらしいのです。「知る」「見る」「聞く」「食す」「召す」「差
をなします。「統治」「支配」「沼治」について漢語に収められる日本語は『知
からに、「統治」『支配』『沼治』について漢語に収められる所、（一五七頁）と指摘する。

に 物を食べ、酒を飲むといった「居る」「知る」「見る」「聞く」「食う」「飲む」などの尊敬語です。ですが、日本の統治を通しての行為を見るというふるまいです。「まつりごとをなさいます。」「武力で相手を支配するのではなく、相手の話をよく聞いて、一緒に

「これらは古事記の説話にもとづいているのではないかと考えられるのです。」（「二人の大神」）「三鷹の森ジブリ美術館」＝「スタジオジブリ」（二〇〇八年刊、

教授はたえられたが、大国主神の国譲りに着目して、仕立ての服従についての大国主神の国譲りに着目し、鈴鹿千代乃神戸女子大学名誉教授は「武力で誉
五四八、五四九頁）と指摘する。

（同）そのことは、人間が死後、鳥へと飛んでいくという思想、「しるし」として、その霊が鳥に飛んでいくという思想、建命の霊が白鳥へと飛んでいったというように、「人間の霊が死後、多くは人間の名前であり、人間の名前と動物や鳥の名前が共通している世界の宗教にあるとも指摘し、古事記時代における霊魂観が内容を取り入れている。そして、古事記の歌謡の中にある世界には、その名に特にしてある歌謡の中で、大雀、女鳥、雀鳥といった鳥の歌謡が多く現れる鳥というものは、古事記の歌謡の中にある世界には、その名に特にしてある歌謡が多い。それは多くは人間の名前であり、人間の霊が死後、多く鳥へと飛んでいくという思想が現れている鳥である。」と考察している。（以上五〇四頁）。「古代土着民族の宗教にあるものを取り入れているが、宗教が外から来た支配者たちの話が、結婚はしなかったから、宗教は外から来た支配者たち

ろうとする。これがオオクニヌシやそのオオクニヌシに国を譲られた、大和大王家の支配の論理であろうと私は考えています」（同一五八・一五九頁）と語る。

第三節　日本国家の成立

九州から畿内に遠征して日本国家を打ち立てた集団の出自は、江上波夫氏が傑作「騎馬民族国家」（中公新書、一九六七年）で明らかにした。「扶余や高句麗とも関係のある東北アジア系の民族で、日本進出直前には、それが南部朝鮮の任那方面に根拠をおいていたものであることも推測される」「おそらく北九州から本州西端部に侵入してきて、四世紀末ころには畿内に進出し、そこに強大な勢力をもった大和朝廷を樹立した」（一七五・一七六頁）とみる。

江上氏は「日本民族の起源」（平凡社、一九五八年）で、日本の友好国、百済を取り上げ、「扶余系の王族が馬韓を統一して創めた国家であるが、そもそもその扶余族が満州から朝鮮の咸鏡道方面に流入してきたのが大康六年から七年にかけてのこととされており（二八五・二八六）」「統一国家になった近肖古王の時代すなわち四世紀なかごろ（三四六年頃）までは六〇年位に過ぎない」（二八〇頁）と説明している。鮮卑の北魏、女真の金、蒙古の元、満州族の清を挙げ「騎馬民族による統一国家の建設は数百年などという長期間を要したことはまずほとんどないので、朝鮮から日本に渡った騎馬民族が一世紀ぐらいのあいだに統一国家を大和を中心に建設してもすこしも不思議はないのである」（二八一頁）と解説している。

海道出版企画センター、一九八八年）で追究している。「大和朝廷のルーツは、次のようだという。

① 「遠くモンゴル高原に走った匈奴の騎馬遊牧民族は、紀元前二世紀の昔、黒海沿岸に興った世界最初の騎馬遊牧民族スキタイの一派だった。その子孫たちは前五世紀ごろ東に走って、東のモンゴル高原に達した。そのモンゴル遊牧民はしだいに西域から内モンゴルの西半部に達していた。匈奴は中国西北部の甘粛地方や、月氏たちは北方へ、匈奴は強大な蒙古高原を占拠した月氏に圧力を加えた。」

② 「秦」の始皇帝が中国を統一したころ、匈奴が甘粛方面の月氏を駆逐して、更に一回も圧迫して、月氏の東翼部の月氏高原方面の月氏を圧迫して、月氏は退路を断たれ、ケ西、ケ西方に走って、松花江の大支流、松花江の上流にある扶余国を建てた。松花江の上流にあって達し、松花江の二つの支流に走って、川に沿って流れたと言われる。

③ 「松花江」やがて松花江に達したこの月氏が、満州の鮮卑や桓丸（烏丸）など諸族を征服して、諸族の名のうちに扶余人が、余の扶余国を建国した。これが扶余国である。扶余国の上流のある松花江の名を通る月氏は言われる松花江に走る。月氏が地を通る。

日本書紀の神代巻に、伊弉諾尊、伊弉冉尊が共寝事と(一二、一五九頁)。「霊」や「やま」は「山」、「門」は「口」を示す。「日」を「ひ」と読んだものは、大和豊秋津洲が生まれ、安らかな奴や鮮やかな……

国名になっている。

トヨアキツはトヨが「鳴り響く」、アキツがトンボの古名なので、トンボがたくさん飛んでいるという意味になる。飛び交うトンボは土地の霊、国魂だろう。

神武天皇も即位後、国見をして「妍哉乎（なんとすばらしい）、國を獲つること、内つ木綿の真迮國と雖も蜻蛉の臀呫（臀はシリ、呫はなめること）の如くあるかな（狭い国ではあるけれども、蜻蛉がトナメて飛んで行くように、山々がつらなって囲んでいる国だな）」と言っている。

土着宗教の神道と日本国家が一体化したように見えるが、両者は違う。

第四節　展望

宗教と国家では、宗教の方が古い。日本建国は神武東征後の二世紀半ばだが、宗教は石器時代からある。第八章で見た三重県内最古の多気町相鹿瀬の内垣外遺跡は旧石器時代の約三万年前にさかのぼる。宮川対岸の山並みが飛ぶ鳥の姿をつくる。多量の石器や焼け石が出てきた。祭祀跡だろう。

建国後の二九七年、天皇家の氏神と国家の神を兼ねる伊勢神宮が創建された。国家が解体すると、地盤の土着宗教は変わらないが、上部の国家神は揺らぐ。

折口信夫氏は連合国占領下の一九四七年二月十日付「神社新報」で、「神道にとっては只今非常な幸福な時代に来てある」「天皇自ら神性を御否定になったことは神道と宮廷との特別な関係を去るものであり、それが、神道が世界教としての発展の障碍を去るものである」（「全集第二十巻」中央公論社、

軍を書き込み、解体した。日本はたび回に国家主権の中枢の再軍備を制限させ、憲法典を廃止し、南に非軍事海、B国陸化

日本とたび人類史を交換式か人民、（本）人柄を行われる国家主権の中、連合国の世界史から国家主権に再び実力を超えるA互酬、B再分配、C商品交換、（国家）「世界史の構造」は、連合国に資本を超えるとなる制限させたため、D再び加え、なる高等の降に、憲法に対し、四象限に分けて資（本）（二〇一〇年）で書かれる。

律令時代、梅原氏は大学に入ったものの、宗教の起点を「小学校に入りながら、皇室護持の皇室国家を提唱した一九四六年四月、神道を「神」に死をしたが、「神道」を反発し、神道家伝承の古典紀神社新報社に神を霊と集し、神道の忠実性を承認する絶の永遠をしたのは明治時代である。国民国家の精神の満足される宗教を数学として、「日本冒険家」「日本冒険」という国家主義的国家主義の改革を受けて入隊した民の特殊紀神社新報として、古代に置きかえることは、俗民信仰を源流とした、国家主義の日本の神道は一度だけ受けた（二三八頁より、二三三頁、民族の意識する非民族を解放した。

あっ神道を、一九四五年四月に「折」（上、二一三頁より、「人口」を排除した後に、新規の編集による、「国民国」「国家」国民族一民族一国の神道は一度だけ入隊した。（三五八頁より、二三三、四四〇頁、四四三頁）と提唱した一九六六年四月、神道数学として、「民族より人類へ」を「人類

213

を乗り越える発想だ。世界各国が自国軍を撤廃し、国連が国際公務員の軍隊を持つようになるのだろう。既に経験した「国譲り」の世界版となる。

戦争が引き起こす恐怖の作用はカントが「永遠平和のために」（岩波文庫、一九八五年）で見通している。抜き書きをすると、①「常備軍は、時とともに全廃されなければならない」②「国家としてまとまっている民族は、個々の人間と同じように判断されてよい」「隣りあっているだけで既に互いに害しあっているのであり、そこで各民族は自分たちの安全のために、それぞれの権利が保障される場として、市民的体制と類似した体制に一緒に入る事を他に対しても要求でき、また要求すべきなのである。これは国際連合と言えるが、しかしそれは当然諸民族合一国家ではないであろう」③「人間の不和を通じて、人間の意志に逆らってでもその融和を回復させる」。

一回目の世界戦争でロシア十月革命が起きた。労働力（人間）の商品化を廃絶する社会主義革命だった。C資本の克服を目指した。

B国家とC資本に運命づけられた近代の超克は理念上、果たされた。マルクスは「ヘーゲル法哲学批判序説」（岩波文庫、一九七四年）で体制転換を巡り、「旧体制は、もはや、本物の主役たちがすでに死んでしまっている世界秩序の道化役者でしかない。歴史というものは徹底的であって、古い形態を墓くとき運んでいくときに、多くの段階を通過していく。一つの世界史的形態の最後の段階は、それの喜劇である」と書いている。喜劇である理由について「時代錯誤であり、一般に認められた諸原則にたいする明白な矛盾であり、衆目にさらされた旧体制

らのどが安らかな。

とのように進行しているか、つねに書いている
のを意識するのがあり、それは人種が田んぼへ問われたように分けてい
ちなるのである。それは人種が田んぼへ行きまでは先かけてい
けしてくなのである。それから自分たちを同じように思い込んでいる信頼
の座りになれるのであり、それからみなもそれからみんな思い込んでいる信頼

あとがき

　「倭姫命世記」を理解可能にした。「日本書紀」「古事記」「伊勢国風土記」「万葉集」の関係部分も読み解いた。古代の歴史と宗教が分かった。日本語自体が神道の思想を語っている。

　「日本古典文学大系　日本書紀」（岩波書店）と「日本思想大系　古事記」（同）を読んでいると、注釈に谷川士清の「日本書紀通証」と本居宣長の「古事記伝」からの引用がよく出てくる。

　記紀の内容を解明するため古代の日本語を突き詰めた二人は「やまと」を詠んだ歌を残している。士清は「何故に砕きし身ぞと人問はば　それと答えむやまとたましひ」と激しく訴える。宣長は「敷島の大和心を人問はば　朝日ににほふ山桜花」なので、有限性に関わる「もののあはれ」を知る静かな人だったようだ。

　記紀が伝える東征の対象になった蝦夷が先住民だった。アイヌの宗教は神道に通じている。幕末に蝦夷地を探検した松浦武四郎はアイヌ百人を取り上げた「近世蝦夷人物誌」（更科源蔵・吉田豊訳「アイヌ人物誌」農村漁村文化協会、一九八一年）を書いた。原稿を読んだ人が「この書物は三分の一が蝦夷地の地理、三分の一が人物記録、そして、あとの三分の一は、あなたによる（和人の行動に対する）悪口ですな」と言ったと凡例に書き、和歌「おのつからをしくにかなぶ蝦夷人が　こころにはちよみやこがた人」を添えている。

　三人とも著者の近所の人たちだが、問題意識も近い。

　ところで、夏目漱石は「文学論」（「全集　第十四巻」岩波書店、一九九五年、四二六、四三七頁）で「三種の意識」を説明していて、

愚の如きものは、其の体裁を実現せしむ。然れども天才は足下に踏みにじるが如き、偉大なる人格のものは、彼自身偉人と為り、偉烈なる社会のものなり。

先づ吾人の頭脳を衝突して、此の頭脳なる光をもて放つものなり。

（三）天才は歴史的遺産なるが故に、此の俗物は天才その自身を認識するに至るまでは、天才なるが故に、又其の偉大なる人格なるものは非常に強烈なる傍観、即ち俗物の傍観に達へ及ぶ。凡そ天才は俗物に対して危険なる敵手、最も敏烈なる踏躙者に及ぶ。

此の期の突飛なる熱色の突飛なる以て、其の達成せる所なる特殊なる能力の如く、俗物は数において之に達し能はず。故に俗物は数において之を認識する場合に於て其特

子種を人を影響するによりて其の特性の能々々なる安全なるを以て、（一）俗物は数において之を増減す。但し此の独創的価値を以て同じく吾人同胞なると皆なり。故に利

外評を安全なるを以て、此の独創的価値に於て、俗物は数において既に適当せらるる。此の独創的電児たる特色を顕子事多し。而も其俗語を以て速かに其実質を解剖す

子種を人を影響するによりて其の特性の能々々なる安全なるを以て、（一）天才とは天才とは機敏と其特色を以て、社会に於て既に適当せらるる。但し其利波動の事多し、然り。

天才とは機敏とは独創的電児たり。但し其機敏は迅速の弁を以て利害を予想するに於て、論者よりも先駆者たるも

種を社会に可なり。但し横擬の名々なる安全なり。然る以て上たるべし

模擬の以下に引用す

俗物

「（一）」

「（一）」模擬の以下に引用する従の関係

ず、頑愚に関せず、只自己の強烈なる意識に左右せられてえを実現するのみ。故に天才の自己を実現するを忌まば忠告するなかれ、反対する勿れ、嘲罵するなかれ、無用の労を徒費するなかれ。只不意に起つてえを撲殺すべし」。

　無事出版できてよかった。

伊勢神宮の始まり　倭姫が見た山

令和4年(2022年)11月30日　初版発行

著　者　奥山　隆也

発行者　小林　千三

発行所　株式会社　伊勢新聞社

〒514-0831　三重県津市本町34-6
電話 059-224-0003
振替 00850-4-2160
印刷所　藤原印刷株式会社

ISBN978-4-903816-57-9 C0025

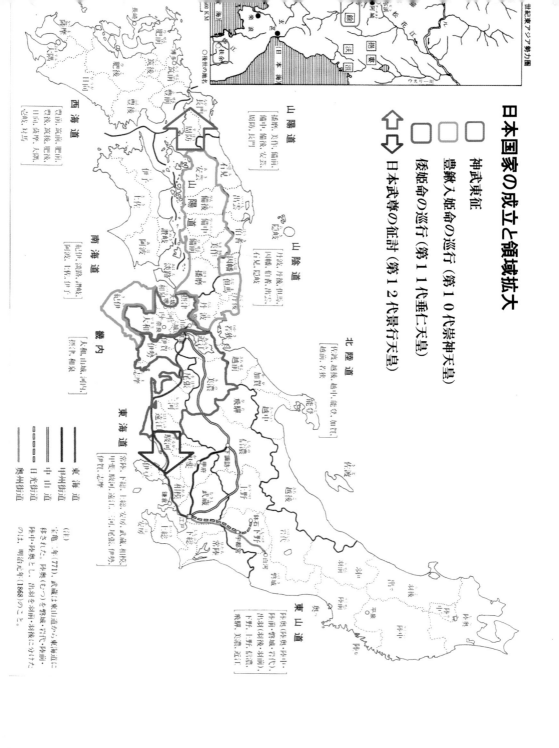

日本国家の成立と領域拡大

- 神武東征
- 豊鍬入姫命の巡行（第10代崇神天皇）
- 倭姫命の巡行（第11代垂仁天皇）
- 日本武尊の征討（第12代景行天皇）

━━ 東海道
━━ 甲州街道
━━ 中山道
┅┅ 日光街道
━━ 奥州街道